〈いのち〉の自己組織

共に生きていく原理に向かって

清水 博――［著］

東京大学出版会

The Self-Organization of <*Inochi*>
Hiroshi SHIMIZU
University of Tokyo Press, 2016
ISBN 978-4-13-013029-5

〈いのち〉の自己組織——目次

〈いのち〉の自己組織　71

共存在とその原理　149

プロローグ　〈いのち〉という出発点から

地球が無限に広いことを暗黙の前提として、人間は文明をつくってきました。しかしその文明が生み出した科学技術の急速な発展によって、その前提が成り立たなくなってしまい、人間と自然の間に深刻な矛盾が生まれているばかりでなく、急速に狭くなった地球において異民族、異文化、そして異なる宗教や宗派が重ね合わされることになり、ここから人間の存在にからんだ困難な問題が生まれています。また、グローバル化された投機的な資本主義経済が止めどのないマネーの流れをつくり出して、国家の存立まで危うくしています。

人間の深い自信の喪失か——とらわれのない目で見れば、民主主義、資本主義経済という国民国家の基盤、さらに大量高速の通信によって情報化されたグローバルな国際社会の基盤、そして科学技術という近代文明の柱ばかりでなく、さらに古代、中世に生まれた宗教までを含めて、それらを支え、それらによって支えられてきた人間観や自然観が大きな壁にぶつかっているのです。つまり、人間がその知恵を傾けて積み上げてきた文明が人間の存在自体を否定する活《はたら》きをするように転じてきたのです。この深刻な存在の矛盾によって自縄自縛の状態に陥っている人間は、自己の知の前提が崩れてしまったことから、もはや過去のように熱いロマンをもって未来を語ることができなくなっています（「働き」、「働く」には意志があります。以下で私が使う「活《はたら》き」、「活《はたら》く」は能動的ですが、意志によるものではありません）。

自分中心主義への深刻な反省――人間の生き方のどこに問題があったのでしょうか。それは、「狭い地球」という居場所で、人間を含めた生きものが互いに依存しあいながら、そして共に存在していくために最も重要な「共存在の原理」に反する考え方を、これまで人間がしてきたことにあるのです。そのために、人間の「知の革命」の時代が来たのです。いま求められるのは、地球における共存在の原理を実現するように、人間が自分自身の考え方を変えていくことです。

科学も宗教も否定しない〈いのち〉からの出発――科学はこれまで物質の法則を使って生きものを理解しようとしてきました。また宗教は、個人の存在が、個人を遥かに越える生命の力によって救済される道が存在していることを伝えようとしてきました。しかし、地球における多様な生きものの共存在は、現在、このどちらからも届きにくいところにあり、それを考えていくためには、科学とも宗教とも異なった新しい知の出発点が必要になってきています。

存在し続けようとする能動的な活き――その出発点として、私は人間を含め生きものに共通する

〈いのち〉という活きからの出発を提案しています。〈いのち〉とは、「存在し続けようとする能動的な活き」のことです。人間がこの〈いのち〉をもっていることは言うまでもありませんが、他のどのような生きものにも〈いのち〉が存在していることは明らかです。また、〈いのち〉の能動性がなければ、生きものは困難な環境のなかで生存していくことはできません。よく知られているように、実際、地球は複雑系であり、絶えず新しい状態が生まれるために、その未来を完全に予見することはできません。したがってこの〈いのち〉の能動性には、生きものがはじめて遭遇する状態を乗り越えて、その存在を継続していくために必要な創造性が含まれているはずです。

自己の〈いのち〉が存在する内在的世界――具体的にはどのように進んでいけばよいでしょうか。まず共存在の原理を具体的に知る必要があります。共存在の分かりやすい例としては、私たちの身体を構成している約六十兆個と言われる多数の多様な細胞の共存在があります。私たちには個体としての〈いのち〉があります。また、細胞たちもそれぞれ個としての〈いのち〉をもっています。彼らは、誕生と死を互いに別にしているのに、共に依存し合い、助け合いながら共存在しています。その状態は、すべての細胞が同時に人間の個体の一部であることによって成り立つものです。つまり、共存在の原理とは、細胞という個々の生きものの〈いのち〉が、個体という居場所の〈いのち〉とつながっているために、互いに分けられないことから生まれるものです。だから、生きものの共存在とは、具体的には「〈いのち〉の共存在」ということなのです。居場所の〈いのち〉があるところ、それが内在的世界です。それはまた、個の〈いのち〉があるところでもあるのです。

自己の〈いのち〉がつながって広がる世界――この共存在の原理がどのように実現するかを考えてみると、はじめに〈いのち〉をもった一個の受精卵があり、次にその受精卵を居場所として、その中に多くの細胞がそれぞれの〈いのち〉をもって次々と生まれてきます。このために、「一から多へ」という法則によって、居場所としての個体の〈いのち〉に、多くの細胞の〈いのち〉が包まれているという、二重の〈いのち〉の構造（二重生命）が生まれてくるのです。共存在のためには、二重生命が必要です。

内在的世界（存在）を失った自己中心的な外在的世界――多くの部品を集めて一つの機械を製作するときは、これとは逆の「多から一へ」の法則で変化が進んでいきます。「多から一へ」の法則でつくられた組織や企業で働く人びとは、機械の部品のように働かされます。このような機械的システムには全体を包む〈いのち〉は存在していませんから、人びとの〈いのち〉はつながっていません。個々ばらばらの状態です。そして一重の〈いのち〉の構造（一重生命）しかないために、人びとの〈いのち〉は共存在できません。冷たく、苦しい、〈いのち〉が存在できない職場で、無理な結果を上からおしつけられて働かされる状態になりますので、〈いのち〉の活きに矛盾が生まれて身体を壊してしまう人も多く、従業員はすぐ辞めてしまいたくなります。

出発となる「一」はすべての「多」の内在的世界――「一から多へ」の法則で活動していくのが共創です。共創には〈いのち〉の共存在が必要です。「多から一へ」の法則で活動するコラボレーションとは、〈いのち〉の活き方が異なります。近代社会の問題点は、競争原理に縛られて、「多から一へ」の法則で動いているために、共存在に必要な「一から多へ」の動きをなかなか生み出せないということです。今後は高齢者や障害者を含めた生活者の共存在をつくり出していく社会的な居場所づくりが必要になりますから、これからはその居場所をバックアップしていく形で、様々な事業が横へつながっていくと思われます。その事業が伸びていくための鍵を握っているのが、「一から多へ」の「一」です。それは固形・固定化した理念ではなく、いわば居場所の〈いのち〉となって内在的世界で展開され続けていく動詞です。そこで重要なことは、出発となる「一」に、共存在への夢の共有があるかどうかです。

「生きている現象」には内在的世界がなく、「生きていく存在」は内在的世界にある——〈いのち〉から出発して実際に共存在活動をしていくためには、その考え方がこれまでの科学技術の考え方とどう違うかを、もう少ししっかり理解しておく必要があります。科学者は、自分の存在から切り離した外在的世界に生きものをおいてその外側から客観的に観察します。このことは「生きものを現象として見ている」と言えます。生きものを現象として見ると、生きている状態が見えます。これに対して、これから考えていこうとしているのは、たとえば自分の家族を見るときのように、同じ居場所で自分と共存在している生きものを、互いの〈いのち〉がつながっている二重生命の状態において見ることです。そうすると、居場所「一」において「多」が一緒に生きていく状態という、生きものの共存在の仕方が見えてきます。居場所の〈いのち〉は、直接的には見えませんが、各生きものの内在的世界に現れる場の活きとして、同じ一つのものが共に自覚されます。生きものとして存在することは、

〈いのち〉の活きによって、未来に向かって生きていく状態で存在しているということです。生きものを現象として見れば生きている状態が見え、そして存在として見れば生きていく状態が見えるのです。ここで指摘しておきたいのは、居場所とは「存在している場所」すなわち「生きていく場所」ということですから、居場所における生きものを考えることは生きものの存在を考えることになり、また、居場所に生きものが共存在できるのは、未来に向かう〈いのち〉の活きが、居場所の〈いのち〉の活きによって、互いにつながるからです。

内在的世界を開拓していく共存在の実学——科学は、もちろん医学も含めて、生きものを外在的世界で客観的に捉え、生きている状態を生命現象として研究してきました。そのため、科学は、現象は解明できても、生きものの存在を取り扱う内在的世界の論理をもっていません。ですから、生きていく状態の科学、つまり「存在の科学」というものはありません。しかし、現代社会における多くの人びとの苦悩は、「存在の苦悩」です。たとえば障害者や認知症の方々、ガンの患者さんの深刻な存在の苦悩が救済を待っています。存在の苦悩は、恐らく人間だけに留まらないでしょう。科学や医学が及ばない「存在の苦悩」をどうすればよいのでしょうか？　そこで〈いのち〉から出発していく、共存在の実学が必要になります。

内在的世界＝「神の見えざる手」を失った市場経済——市場経済についても、同様のことが言えます。市場は、生産者と消費者の居場所ですから、市場には生産者と消費者が共存在できる必要があります。しかし、現実には、企業の株価が現象として刻々と報告され、多くの投機家が短期的な株主として、その現象に反応して投機する、そして多くの経営者が株主の利益のために企業を経営することから、企業の経営が「多から一へ」という形になってしまいます。つまり市場における〈いのち〉のつながりが切れて、市場が共存在の原理を失い、〈いのち〉を閉め出していくのです。でも、たんなる数値上の成果の増減ではなく、内実のある富をつくり出す活きは、〈いのち〉によって生まれます。しかし、〈いのち〉を失って投機の場となった市場からは、ゼロサム・ゲームしか生まれません。それは、「多から一へ」という形によって、居場所の〈いのち〉が活きを失っているからです。どうすれば、居場所としての〈いのち〉を失ってしまった市場の〈いのち〉を回復することができるでしょうか？　これは〈いのち〉の側から考えなければならない富の問題なのです。

内在的世界を失えば、競争原理しか残らない――地球は人間を含むすべての生きものの居場所であり、地球と生きものは、〈いのち〉の共存在状態（二重生命）をつくって互いの存在を支え合っています。実際、自然を素直に観察すると、生きものの間では共存在原理がはたらいていることが分かります。しかし西欧で、長い間、地球の存在を低く見て、「人間と地球は分かれている（主客分離的関係にある）」と見てきたことに問題があったと思われます。またこのような考え方が出てきた背景には、おそらく砂漠の地域で生まれてきた「地球には〈いのち〉がない」という見方があり、したがって生きものの存在を競争原理によって理解しようとしてきたからではないかと考えられます。内在的世界を見失えば、後に残るものは自己とその自己を中心にして見た外在的世界しかありません。内在的世界を失えば自己中心主義（存在の天動説）になるのです（島国国家である日本の重要な課題は、存在の天動説から生まれた自己中心的歴史観を乗り越えて、周囲の国家を含む地球的な居場所において自己の歴史を地動説的に捉えなおすことです。過去の大戦によって、自分たちにも、また周囲にも、大きな不幸を生み出してきた原因の一つはその天動説的歴史観にあるのです。これが、日本に求められている歴史の反省です）。

競争原理から共存在原理へ変わることは、競争がなくなることでも、また悪がなくなることでもない――共存在状態が全体的に自己組織され共存在原理が成り立って、制限のない「競争のための競争」が抑えられることが重要なのです。そもそも競争がなければ、生きものは存在できませんし、また自己組織もおきません。また小さな悪が存在できるということは、生きものの多様な主体性が〈いのち〉が）共存在できる状態が保証されている結果なのです。したがって、そのような悪を完全に消し去ろうとすれば、どうしても力によって生きものの主体性〈いのち〉そのものを抑える以外に方法がないために、共存在原理が消えてすべての存在を力で支配しようとする巨悪が生まれてしまうのです。そもそも善と悪とは、紙の表裏のように相対的な概念ですから、全体における〈いのち〉の共存在を否定するような悪の力が消えることが重要なのです（この点に関して、仏教では深い考察がなされており、たとえば、「十界互具」という善悪の捉え方にそれを見ることができます）。

地球には生きものたちの内在的世界という活きがある――しかし宇宙から眺めてみれば、地球の表面に生きている様々な生きものまでを含めたものが「地球」ですから、「地球は生きていない」とは論理的には言いきれないはずです。でも、地球に居場所としての「一」の〈いのち〉があるかどうかとなると、様々な説がありますが、まだ実証されているとは言えない状態です。本書の目的の一つは、地球には居場所としての「一」の〈いのち〉が存在していることを明らかにすることです。

生きものが共存在している内在的世界へ「降りていく」生き方――居場所としての地球に存在している他の生きものと共存在できるように人間の存在のあり方を変えるためにも、生きものすべてに共通している〈いのち〉から出発して、その共存在を考えていく必要があると、私は思っています。これは、人間が、生きものとしての原点へ回帰する（降りていく）ということです。これには、当然、人間同士の〈いのち〉のつながりも、最も重要な課題として含まれます。

構想力を待つ内在的な〈いのち〉の世界――人間は、二階にも一緒に住める大きな空間があることを忘れて、二階建て（二重生命）の世界を一階建て（一重生命）の世界（外在的世界）にして個室をつくり、「狭い、狭い」と嘆いています。しかし、二階にも広い空間（内在的世界）があることに気づいて、その空間を共存在のために開拓していくことが、これからの時代の夢のあるテーマとなると思います。その開拓を進めるために重要な課題は、誰もが受け入れることができる〈いのち〉の法則を発見していくことです。〈いのち〉の法則とは、〈いのち〉の基本的な性質、個々の〈いのち〉の間の関係に関する法則、そして個々の〈いのち〉とそれらの「〈いのち〉の居場所」との関係に関する法則です。そして内在的世界の開拓の時代に相応しく、共存在の世界を地球に広げていく構想力です。

そこに未来の夢がある、共存在のための内在的世界の開拓――二重生命の世界では、どのようなことがおきるのでしょうか。私たちの身体の例に戻って考えると、細胞の〈いのち〉が個体の存在を支え、そして個体の〈いのち〉が細胞の存在を支えるという「〈いのち〉の与贈循環」がおきています

（贈与とは贈り手が自己の名を付けて与えること、与贈とは自己の名を付けないで居場所に贈り与えることです。自然においては、生きものはみな与贈をしていると言えます）。地球に多様な生きものが共存できる「〈いのち〉の居場所」が広がってきたのは、〈いのち〉の与贈循環によっています。その〈いのち〉の与贈循環を生み出していく力は、「〈いのち〉の自己組織」という〈いのち〉自身がもっている自然《じねん》の活きです。このような〈いのち〉の非常に興味深い性質とその法則を知ることは、死生観や自然観を大きく変え、さらに主客分離の近代文明の観点からは気づくことができなかった人間の重要な能力をあらためて認識することになるため、大きな感動を与えるでしょう。

内在的世界への扉を開く〈いのち〉の与贈——そして、〈いのち〉という出発点から共存在という目的に向かう「〈いのち〉の与贈」という間違いない道を歩くことがもたらす感動は、私たちにとっての本当の富とは〈いのち〉の与贈によって生まれる豊かな内在的世界であって、「もの」でも、金でも、名誉でもないことを教えてくれます。

外在的世界と内在的世界

現象と存在

昔ある大学で働いていた頃の話で、私はまだ三十歳代だったと思います。同僚の若い教授とそれぞれが興味をもっている未知の問題について話しあっていたときのように思いますが、私が「分からないのは、なぜこの自分が宇宙の歴史の中でいま、一度だけここに生きているのかということだ」と言うと、その同僚は「それは簡単なことですから、ご説明します」と言って、次のような話をしてくれました。「あなたのお父さんの精子の一つがお母さんの体の中で卵子の中に入り、そしてお父さんのＤＮＡとお母さんのＤＮＡとが……、それがたまたま貴方であったからです」。その話を遮って、私は「自分が問題にしているのはそういうことではなく、なぜそのようにして生まれてきたのが、この私自身であって、私の兄弟ではないのか。そしてなぜ「この私」と感じる人間がいま、一度だけここに存在し、これまでには存在していなかったのか、また死ねばなぜ二度と再び存在することはないのかということなんです」と言いました。同僚は、しばらくの間考えて、「そういう難しい問題は、私には分かりません」と言いました。その瞬間に、何時も誠実な科学者としてのその顔に、何となく不可解な不信感が少し浮んだように感じられました。

何がおきたのかを整理してみましょう。その同僚から説明されたのは、私が生まれるに至った受精という現象です。その現象では、全く同じ卵子と精子の組み合わせは二度とはおきませんから、「この私」は過去には存在せず、今後に再び現れることはないということになります。これが受精の科学的理解です。科学者が自然の現象を観察しているときには、その現象の外側に自分の身を置いて、外側から現象を見ています。その外側から見た解釈によれば、この私がいま、ここに存在していることは、たまたまの「偶然」ということになるのです。このような理解の仕方によれば、同僚は私の疑問にすべて答えていることになります。すべてのできごとを、このように客観的な現象として説明していくのが、科学的理解の特徴です。実際、現在の多くの科学者の解釈によれば、「私」と呼ばれているものは物質の法則にしたがって構築された物質の集まりであり、私の問題は、結局、その集まりがそれ自身をどのように感じているかという問題に過ぎないことになります。

私には、自分自身の存在をこのように偶然におきた客観的な現象として説明されるだけでは、どうしても納得できないものがありました。それは、私が私自身をその外側から客観的な現象として観察する科学者の立場を原理的にとることができないことによります。私は自己の内側に意識を置いて私自身をずっと複雑に見ています。たとえば、私は自己の死を、自己の外側の客観的な現象として見ることはできません。そこで確実に消滅するものは、何よりも自己の存在です。その自己の存在がまずあって、次にその自己による様々な現象が生まれます。現象に優先して存在があることを、事実として認めないわけにはいきません。したがって、まずどうしても、二つとない自己の存在を問うことになります。先ほどのように客観的な現象として自己が説明されるだけでは、まず説明されなければならない自己の存在の説明が飛ばされてしまうのです。

このように存在が無視されて人間が現象として理解されることは、科学的な理解の一般的な特徴です。もしも存在していることに全く意味がなければ、人間は生きていけないのではないでしょうか。そしてこのことは人間以外の生きものには成り立たないと、一方的に決めつけてしまうことも、人間の思い上がりではないかと、私は思っています。私が同僚の説明を理解できても納得できなかったのは、生きているという現象を外から客観的に眺めているだけで、生きていくことに内側から意味を与えている生きもの〈人間〉の「〈いのち〉の世界」に踏み込まなければ、生きものの存在を本当に理解することはできないと感じていたからです。言い換えると、生きものの存在は、その外と内の両世界から見なければ本当には理解できないと思うからです。

私の根底には、「この私という存在とは一体何か、そしてその存在が未来に継続していくことに意義を与えているものは何か」という疑問がありました。その疑問に身を以て応えることが、これまで私自身を駆り立ててきた原動力になっていると思います。また、「いま、ここにある存在」というときの時間と空間は、科学的な時間と空間のように、時計や物差しで計ることができるもので、進むことも戻ることもできる可逆的なものではありません。その理由は、その「いま、ここ」は自分自身の存在に意味を与えている自分の内側の「〈いのち〉の世界」に生まれるものだからです。その「いま、ここ」は、地球における〈いのち〉の歴史の舞台において生まれ、そして流れ去っていく時間と空間なのです。つまり私が知りたいのは、「私が地球の〈いのち〉の歴史における「いま、ここ」に位置づけられて存在し、未来に向かってその短い人生を生きていくことの意味とは何か」ということです。この問いは、私だけの個人的な問いではなく、人間を含む生きものに共通する問いであると考えていることから、それは哲学的な問いであるばかりでなく、また科学的な問いであると考えることもできると、私は思ってきたのです。

以下、同僚の科学者の問題意識を「現象」、私の問題意識を「存在」と仮に名づけることにしましょう。近代科学は様々な自然現象の法則性を明らかにすることを目的とする「現象の科学」であり、私自身がもう四半世紀以上も考え続けてきたのは「存在の科学」なのです。人間を例にして考えてみると、「現象」とは個人（観察者）の外側に分離して観察することができる外在的世界のできごとであり、その観察者が今度は「そもそも、いま、ここに生きているこの自分は何ものであろうか」と、分離することができない自分の内側の「〈いのち〉の世界」のできごとを考えるときに生まれてくるのが「存在」です。両者の問題意識の差は、生きものとしての（広い意味での）主体性を問題に入れていないか（現象）、それとも入れているか（存在）です。

現象のレベルの問題意識だけでも、特にこれといった困難がおきないならば、何の疑いもなく生きていけるでしょう。しかし、現在のような歴史の節目で、自分が見ている現象が自分にとって何を意味しているかを問わなければならないときには、その現象と自分自身の存在との関係を考えないわけにはいかなくなります。そしてそれよりも、さらに自分の存在が問題になってくるのは、自分自身が死ぬときです。自分自身の死にあたって、死という現象を科学者から説明され、その外在的な世界に起きている客観的な現象がたまたま自分に回ってきたと、納得して死んでいけるでしょうか。命あるものすべてが抱えている「自分自身の死」というできごとは、自分の存在とその内にある「〈いのち〉の世界」の関係という忘れられがちな問題を、最も重要な問題として浮かび上がらせてきます。死がすべての生きものにとって避けることができないものであること――生きていくとは、死に向かって生きていくことであることから、自己の存在と内在的な「〈いのち〉の世界」の関係は、生きていくものすべてにとって最も重要な関係であるはずです。

現代文明の大きな、しかも危機的な特徴は、現象としてみる世界と、存在として見る世界の間に深刻なギャップがあり、その二つをつないで一つの整合的な世界像をつくることができないという点にあるのです。

「現象」という科学の境界

科学は万能ではありません。たとえば生命科学は、生きものが生きている状態を、自然現象として客観的に捉えられる範囲において解明するものです。もちろん、このことは人間にとって非常に意義のあることです。しかし、人間をはじめ様々な生きものには、それぞれの誕生から死に至る一生があり、その一生を能動的に生きていく（正確に言えば、「歴史的に生きていく」）ために、みな主体性をもっています。その主体性があることが、生きものと機械の重要な差です。生きものによっては、その主体性が人間の主体性と非常に異なっているかもしれませんが、それだからと言って主体性がないと一方的に決めつけてしまうことは、同じ地球の上で生きていく共存在者としてはとるべき態度ではありません。しかし、科学は、世界の誰もが追体験できる「現象の法則」でなければならないという客観性の枠に縛られているために、この「それぞれの主体性をもって生きていく」という生きものの最も重要な存在のあり方に踏み込んでいくことが原理的にできない（許されない）ことが、その認識の上での限界になっています。

このことを確かめるために、次のように考えてみましょう。どのように生きていくかは、たとえば個人の――人間という生きものとしての個体の――価値観や生き甲斐と言った主体的な「価値」や「意味」に関係しています。したがってそれは――生きものとしての主体性は――人間の外側に現れる客観的で追体験することができる現象の法則である科学の法則の形式によっては表現することができません。少し飛躍しますが、この生きていくという生きものの存在のあり方が分からなければ、その活きを生み出している生命を解明することもできないと、私は考えています。

繰り返しになりますが、近代科学の目的は、人間が自分の外側の世界（外在的世界）におきる現象を自己中心的に観察して、その客観的な法則性を解明することです。そして、科学的に解明された法則の正しさを、どこでも誰でも確かめられることが要求されるために、その客観性にこだわることが絶対に必要です。学生が科学の研究室で、涙を流さない者はいないと言われるほど徹底的にたたき込まれるのは、どうすれば自分自身の研究の客観性を保証できるかということです。このようにして、客観的な科学の領域に科学者の主観が入り込まないようにしておく必要があります。

こうして保証される「客観性」とは何かと考えてみると、その実態は境界条件です。それは、科学者の存在が結果に影響を与えるのを防ぐために、意識的にすなわち主観的に設定される境界条件です。また、科学者が自己中心的にそれぞれ観察した結果が相互に一致するためにも、「客観性」は重要な役割をしています。何を言いたいかというと、「客観性」というものは自然界に存在するものではなく、人間が自分たちの間で互いに保証し合える範囲を線引きするために、人間によってつくりだされるものだということです。

したがって、このように設定される「客観性」は、研究している対象そのものがもっている「普遍性」とは性質が異なっていることに注意しておく必要があります（原発の設計などでは、「客観性」が「普遍性」になり代って、「普遍性」を排除してしまうという問題がおきてしまうのです。なぜならば安全性は人間の存在に関する普遍的な問題だからです）。科学の場合は、このように、生きものの存在の生きていくという主体的なあり方に関係する活きはあくまでも回避されて、自己中心的に捉えられた「生きているという現象」が研究されてきました（しかし人間の都合によって現象と存在を分離して取り扱うことに決めたために、現象を観察しているつもりでも、存在からの影響を無視できないために、予見できない不確定な状態がおきるといった、量子力学や複雑系であつかわれる問題も生じてくるのです）。

また、このような科学の客観的な方法は工学的な技術の分野でも使われています。さらにこの方法が社会科学や人文科学の分野にも応用されて、社会的現象や、生活現象が「客観的」に研究されます。また心理学では、心の活きから存在の問題を排除した心理現象が、同じく「客観的」に研究されます。しかしたとえば人びとが生活していることは、それを外から観察している学者には現象のように見えても、それらの人びとにとっては、それは自己が存在していくための主体的な活きであることが多いのです。主客分離をして自己中心的に観察している者にとっては「現象」であっても、観察されている者にとっては「存在」であるということに、近代科学の方法の上での限界があります。その限界は、近代科学が生きものの主体性を捉える能力を原理的にもっていないことから出てくるのです。

このことと関係していることとして、ここで確認しておきたいのは、現在のＩＴ技術で使われている情報が「シャノンの情報」と呼ばれるものであるということです。それは自己の外側にある世界を自己中心的に表現したり、レポートしたりするときに使われるためのものであるために、これを使って、主体性のような自己の内側にある〈いのち〉の世界そのものを直接表現することはできません。

したがって、最近のように、ＩＴ技術がなければ、私たちの日常生活がほとんど成り立たないような状態になっていることは、裏を返せば、それだけ私たちの生活が、自己の主体的な活きから切り離されているということなのです。この点については、また振り返ることにしますが、私たちは自分が生きていく上で重要な活きを何か犠牲にして、ＩＴ技術の便利さを受け入れているのではないでしょうか。

いまではすでにその限界がはっきりしている「科学的合理思想」に合致していないという理由で、生きていこうとする人びとの存在を、上から管理しようとするようなやり方は、なにごとも解決しないばかりか、内在的世界に生まれる大きな矛盾を隠して、人びとに苦しみを押しつける「心の公害」というべきものです。日本では、毎年三万人以上の人びとの命が、自殺によって失われています。その多くの方が、生きていることはできても、生きていくことができなくなって、死を選んでいると言われています。このような命を救うためだけでも、近代科学を乗り越えて、生きものとしての人間の存在を排除しない世界に入っていくことができる道をつくる必要があると、私は思っています。

生命科学の意義とその限界

生命科学は典型的な近代科学として生み出され、物質から出発して、物質の法則によって「生命とは何か」を解明することを目的にしています。その方法は精密で客観的です。生命科学による生命現象の解明が、これまでに重要な成果を上げてきた幾多の事実は、生命科学そのものに批判的な人でも否定することはできないでしょう。実際、ほとんど誰でも、自分の家族が急病に倒れれば救急車を呼んで病院へ連れて行き、現代医療の助けを借りようとするでしょうし、また危険な伝染病やガンから身を守るためには、現代医学の助けを借りることを考えるでしょう。またほとんどの人が、歯が非常に痛ければ、歯科医に駆け込んで、少しでも早く治療を受けようとするでしょう。

生命科学の研究では、物質が出発点であり、生命は出発点ではありません。生命は、最終的に到達すべき目標なのです。しかしこれまで述べてきたことからも分かるように、様々な分子の機能から出発して、精密な科学的方法を駆使して、分子レベルから生命現象を解明していき、そして最終的に解明されることが期待されている「生命」は、生きているという生命現象を客観的に説明する原理であると思われます。しかしその「生命」は、科学が客観的に明らかにしてきた原理や法則がそうであったように、人それぞれが自己の人生を主体的に生きていく活きとは、直接的には関係のないものとなるでしょう（自己中心的に自然現象を観察するという近代における人間のあり方が、物質から出発して「客観的」に生命を解明していく生命科学の方法をつくり出すのですが、その説明は後に回します）。

現代社会に生きている人びとがかかえる困難な問題の多くは、生きものとしての人間の存在、すなわち、生きていくことに関係しています。たとえば東日本大震災は、被災者の方々それぞれを「どのように生きていくべきか」という問題に直面させました。そしてその問題のかなり多くは、四年以上を経過した現在でも、解決されないままになっています。一例をあげれば、何百年という長い歴史的時間に努力と工夫を重ねて豊かにしてきた先祖伝来の居場所が、原発事故による放射能汚染のために、瞬時と言ってもよいほどの短時間のうちにその〈いのち〉の活きを消滅させてしまい、そして放射能に追われて懐かしい故郷であったその居場所から追い出された人びとが、かかえてきた深刻な悩みは、「いま生きていることができても、人として生きていく意味を失ってしまった」ということではないでしょうか。人びとは、失われた「生きていく意味」、すなわち「人間として、いま、ここに、存在している意味」を、どのようにすれば取り戻すことができるかと、自分たち自身の深刻な存在喪失の問題と毎日向き合いながら、生きていかなければならないのです。

スーパー台風、ゲリラ的な豪雨や竜巻などによって、人びとがこれまで安心して住み暮らしてきた土地に、大きな災害が頻発するようになってきました。これらの大きな災害は、CO_2による地球の温暖化によって頻発するようになったと言われています。もしもそうであるならば、このような大災害は今後ますます激しくなることはあっても、以前のような状態に戻ることはまず考えられないことになります。そして、ますます深刻化する災害のために、国としても、自治体としても、毎年、多額の出費が必要になります。そうなると、これまでのように経済成長中心の考え方でやっていくことは困難になり、どうしても地球の（生きものの）存在の持続可能性という制限（拘束条件）のもとで経済を考えなければならない状態に追い込まれていくと思われます。しかし考えてみれば、もともと経済的成長のために地球が存在し、多様な生きものが存在しているわけではありません。その逆に、人間の経済は地球と多様な生きものの存在のためにあるべきです。近代文明の中心的な思想であった人間中心主義は、もう、事実上、破綻しているのではないでしょうか。

地球の生きものには、もちろん、人間も含まれていますが、しかし人間のことだけを考えているだけでは足りなくなっています。私たちが生きていくために、毎日多くの生きものを食べていることからも分かるように、強い生きものの存在は、弱い生きものによって支えられています。また地球における様々な生きものは、全体として見ると、地球そのものの重要な一部分であり、生きもの相互の間の命の複雑なやり取りを通して、地球の歴史の生成に参加しながら、共に存在してきた――共存在してきた――のです（このことは、後でくわしく説明するように、「地球という〈いのち〉の居場所において、生きものが〈いのち〉のドラマを演じてきた」ということです）。したがって、地球の状態の持続可能性ということは、生きものの共存在の持続可能性でもあるのです。生命現象の解明を目標に、物質から出発して、現在のように発展してきた生命科学は、人間を含める生きものの共存在の持続可能性を確立するために、何をすることができるのでしょうか。冷静に考えてみるべきときが来ています。

新しく解くべき問題の本質とは

生きものの居場所としての地球の実質的な大きさが、かって想定されたような「無限大のサイズ」から現在のように「有限の小さなサイズ」に変わってしまうと、それまでの弱者はもう「弱者」ではなくなり、強者の存在を決定する力をもつ「共存在者」になります。その結果として、生きものの存在が競争原理によって決まるという、これまでのような単純な考え方が、もう成り立たなくなります。しかし、競争を頭からすべて否定してしまうのも、また単純すぎます。いま必要なことは、地球における生きものの存在を、共存在の原理からもっと深く捉えることを考えなければならないということです。そしてその先には、食糧問題があるのです。

現在、人類が陥っている深刻な危機は、地球が無限に大きいと想定してつくられた近代文明によって、地球の大きさが実際上小さくなってしまったという矛盾した現実があるのにもかかわらず、その近代文明からなかなか離れることができない、ということによって生まれています。その典型がCO_2の急激な増加によっておきている地球の温暖化現象ですが、考えてみると、現在の政治制度も、経済制度も、科学技術も、その多くは「無限に大きな地球」を前提にして――それ故に個人の自由と競争を前提にして――つくられているものです。言い換えると、近代思想には、生きものの居場所としての地球そのものが、存在していないのです。ですから「無限に大きな地球」が成り立たなくなると同時に、近代社会の基盤となる制度そのものに、共存在に関係した矛盾が生まれて、問題がいっせいに吹き出してきたのです。その問題の原因をたどっていくと、以下に説明する人間と地球の関係の主客分離という捉え方にぶつかります。そのために、もはや、社会基盤の整備と充実を考えるだけで足りる時代ではなくなっているのです。

科学の理論は、観察をする人間（主体）と、その観察の対象（客体）となっている現象の活きが完全に分離されていること――主客分離――を前提にしてつくられています。もしも主客が完全に分かれていなければ、観察している客体の状態に主体の存在が影響を与えるために、客体を客観的に観察しているという保証ができなくなることから、主客分離がどうしても必要なのです。そのこともあって、「地球は人間の存在から完全に分離している」という前提で——分かりやすく言えば、「人間は地球ではない」ということを前提にして——、人間は自分自身の居場所である地球を科学的に研究し、様々な提案もし、また実際大規模な工事を続けて、その構造を人間中心的に変えてきました。このことは、「自分は家族ではない」と仮定しながら自分の家庭を観察して、そのトラブルに多かれ少なかれかかわっている自分自身のことには触れないで、家庭のトラブルとその対策をレポートしていることに相当しますから、不完全なことしかできません。また時には、誤った方針を打ち出してしまう可能性すらあります。地球の大きさが、人間の存在に対してもう無限に大きくはない現状では、主客分離という科学的方法と「個人の自由」がそもそも深刻な誤りを含んでしまう可能性があります。

以上から分かるように、地球における人間の存在ばかりでなく、その存在を生物的に支えている多様な生きものとの共存在の持続可能性を研究するときには、もう、これまでの近代科学の方法は一般的には使えません。生命科学の研究がさらに進んで、仮に地球を分子レベルから明らかにすることができたとしても、生命科学が近代科学の論理に縛られているかぎり、地球における生きものの共存在の持続を可能にするために、人間がどう生きるべきかを具体的に明らかにすることはできないでしょう。それは、生きものの共存在を考えるには、地球を主客分離して考えている張本人である人間自身の存在のあり方が最も重要な問題として含まれていなければならないはずなのに、主客分離という近代科学の方法が、その問題を正面から取り上げることを排除してしまうからです。家庭のことはその家族にならなければ、本当には分かりません。居場所における共存在は、それを知ろうとする人間自身が、その共存在者の一人となって、居場所を主客に分離しないで、「自分ごと」としてその内側から見なければ見えてこないものです。つまり、その居場所における自分自身を見ることができなければ、本当には見えてこないものなのです。

私たちが解くべき問題とは何かを、振り返ってみましょう。〈いのち〉の居場所である地球――重層的に捉えるならば、その地球を地域の自然に映している居場所としての地域社会――と、人間の間を切り離して、主客分離的に捉えてきた科学によってつくられた近代文明。その急激な発展と広範な浸透によって、人間は〈いのち〉の居場所としての地球や地域社会を失うと同時に、その居場所の〈いのち〉に媒介されて成り立っていた互いの〈いのち〉のつながりを失っているのです。その影響はまことに大きく、たとえば、前者は自然の荒廃、急激な気候の変化による災害の増加、そして全国的に広く見られる地方の過疎化などとして、後者は無慈悲な殺人の増加、子どもや高齢者などの弱者が安心して暮らしていくことが難しい社会や、理不尽ないじめの増加などの形で、私たちの身の回りにも広く現れています。しかし困ったことに、その原因となっている科学に、人間はますます深く依存していき、それを捨てることはできません。そこでこの矛盾を、どう解決するか、これが問題なのです。将来の食料問題は地球における共存在問題であることを付言しておきます。

〈いのち〉から出発する「もう一つの科学」とその意義

地球に生まれている深刻な危機は、地球の温暖化や生態系の消滅をはじめ、もう待つことができないものばかりですが、そのどれも、最終的な解決には、「私は地球であり、地球は私である」と、人間が新しい自覚をもつことが必要になります。そのためにいま最も必要とされるのは、人間の価値観を含めてそのライフスタイルに根本的な変化をもたらす新しい文明（「地球文明」と仮称しておきます）の創造です。しかし近代文明に強く縛られ、経済成長にとらわれ過ぎているためか、国際社会はやっと重い腰をあげながらも主客分離的に対応することに終始しています。しかし、地球がもう回復しようがないほどに搾取され切った後に、経済とは地球と主客非分離の形で成り立つ人間の活動であったことに気づき、「私は地球であったし、地球は私であった」と、深く後悔しても、もう遅すぎるでしょう。

科学は人間の現代生活にあまりにも重要な役割を果たしているために、人間はもはやそこから離れることができず、しかもその一方で、科学によっては原理的に研究できない地球における生きものの共存在の——人間や様々な生きものを含めた地球の存在の——持続を可能にする方法を急いで発見しなければならないという、矛盾した現実。近代文明の担い手である科学がつくり出してしまった、この深刻な矛盾した現実を、私たちはどのように解決していけばよいのでしょうか。様々な考え方があるかも知れませんが、地球の住民である人びとが、文化や宗教の違いを超えて、この現実を受け入れることが必要であることを思うと、実際的には次の方法しかないように、私には思われます。それは、生命科学とは異なる出発点から出発して、地球における人間を含めた生きものの共存在を研究する「もう一つの科学」を急いでつくるということです。そのもう一つの科学は、近代科学という「現象の科学」に対して、人間（自分）自身を含める生きものの共存在を明らかにしていく、「存在の科学」でなければなりません。

この「存在の科学」は、「現象」から出発していく「形而下学」的な近代科学に対して、「生きていく」という生きものの「存在」から出発していく「地球の形而上学」に相当する（後で説明するように）「〈いのち〉の科学」です。ここでは、学問的に厳密な分類にしたがって、形而上学と呼んでいるわけではありません。重要なことは、互いに排除し合う民族意識や宗教的宗派に代わって、「もう一つの科学」が、すべての人びとが受け入れることができる、「地球の形而上学」としての役割を担っていくことを考えていきたい、ということです。言うまでもありませんが、「地球の形而上学」としての「もう一つの科学」を研究したり考えたりすることは、民族意識や宗教的宗派を否定するものではありません。それはあくまでも「もう一つの科学」であり、したがって、民族意識や宗教的宗派が異なっていても共有できるものです。実際、世界における人びとの生活をはじめ、文化、政治、経済などは、地球の形而上学としての「もう一つの科学」の出現を待っているのではないでしょうか。

この存在の科学の目標は、地球の一部としての、人間を含む多様な生きものの、地球における共存在の原理と法則を明らかにすることです。この存在の科学には二つの隣接した領域があります。その一つは近代科学（生命科学）であり、もう一つは哲学と宗教の存在論です。この両隣とは棲み分けられ、対立しない関係にありますが、次第に分かるように、最終的にはつながっていくことを目指します。

これまでの現象の科学の特徴は、物質から出発して現象の法則を発見していくことにありますが、それに対して存在の科学は、何から出発すべきかを考えなければなりません。人間の存在ばかりでなく、多様な生きものの共存在を研究するのですから、これまでの哲学や宗教の存在論とは異なるものになるはずです。この多様な生きものを含めることは、地球の上での共存在を民族や宗教の違いを超えて考えるときに、問題を解きやすくすると思われます。

科学は一般的であることを必要とします。したがって「もう一つの科学」も、普遍的なものを出発点にすべきです。その一つが、生命科学の出発点である物質ですが、他にもう一つ探すのであれば、それは生命しかないでしょう。しかし生命は、生命科学が探求すべき最終的な目標であり、少なくとも現状では抽象的な概念に過ぎませんから、それを出発点とすることはできません。そこで、あれこれと考えた結果、私は生きものに共通する具体的な活きとしての〈いのち〉を存在の科学の出発点にとることにしました。

ここでの〈いのち〉とは、近代科学で「生命」とほとんど区別なく使われてきた「命」とは異なって、人間を含めたあらゆる生きものが共通してもっている「(未来に向かって)存在し続けようとする能動的な活き」のことです。私は東日本大震災で家と両親を失って、一人になった少女の言葉からこの〈いのち〉の活きを教えられましたが、生命が普通名詞であるのに対して、〈いのち〉は能動的な活きそのもの、すなわち広義の「動詞」です(清水博『コペルニクスの鏡』二〇一二年)。実際、様々な動物や植物を観察しても、その生きものとしての特徴を与えているのは、個体や、種の存在を持続していこうと、絶えず能動的に活き続けているこの〈いのち〉であると思います。また、〈いのち〉がつくり出す存在の持続性によって、〈いのち〉そのものも持続していきます。

「生きている」と「生きていく」

私はこれまで、「生きていること」と「生きていくこと」とは、意味の異なった状態であることを、あちこちで主張してきました（たとえば『コペルニクスの鏡』、清水博『近代文明からの転回』二〇一三年）。そして生きているだけなら居場所はいらないが、生きていくためには必要であると、考えています。このことも大事なポイントです。その理由は、生きものが生きているということは外から眺めて判断される現象であるために、死んでいないかぎり、生きものは生きていることになりますが、生きていくということは、生きもの自身が決定する存在のあり方だからです。

生きものが生きていくことは、生きものがその〈いのち〉の能動的な活きを、居場所に具体的に実現していくことです。そのため、生きものは居場所に自己の未来を問いながら、未来に向かって生きていきます。また〈いのち〉が能動的に存在し続けようとする活きであるからこそ、生きもの自身にとっての価値や意味を生成する主体的な活きがそこから生まれます。したがって、その活きとしての主体性も、名詞でなく能動的な活きとしての「動詞」なのです。また、〈いのち〉の能動性を継続する活きを失えば、生きものは死を迎えます。死は「〈いのち〉の大きな居場所」である地球における生きものの共存在を実現する活きとしての意義をもっていますが、これについては、また後で説明することにします。

あの大震災の次の年のことです。大人も子どもも集まっている林間学校で、これは難しいかなと思いながら、「皆さん！　生きていることと、生きていくこととは、どう違うか分かりますか」と尋ねてみました。すると、十秒もたたないうちに「はーい！」と、手を上げたのは子どもでした。それは福島原発の被災地から招かれて来た小学生だったのです。その子どもは言いました。「生きていることは現在のこと、生きていくということは、未来に向かっていくこと。生きていくためには未来が要ります」。放射能汚染によって居場所を失った子どもたちは、それほどの思いをしながら仮設住宅で生活しているのか。思わず胸をつかれました。

役者は舞台があるからこそ、生きていくことができます。役者が舞台に登場しているときは、舞台に生まれる〈いのち〉としての場に包まれて、未来に向かって生きていくことができるのです。役者が舞台を失ってしまうことは、向かう未来を失ってしまうことです。いまは生きているとしても、もう生きていくことはできません。福島では、故郷という居場所の〈いのち〉としての場（以下では、特別のことがない限り、「居場所の〈いのち〉」と省略します）に包まれていたからこそ、そこで様々な〈いのち〉と一緒に生きていくことができていた。だから、その居場所を失ったことは、未来を失ったことと同じことなのです。生きものが生きていくことは、居場所の〈いのち〉に包まれているその〈いのち〉が能動的に活くことです。居場所の〈いのち〉と生きものの〈いのち〉という〈いのち〉の二重構造ができて、その二重の〈いのち〉が活くことなのです。

コンピュータは現象を継続的に続けていくことはできますが、それ自身の存在を持続していこうとする能動的な活きはもっていません。それは、生きものの存在が「いま、ここ」に自己が存在している意義を、居場所に問い続けていくことから生まれる〈いのち〉の表現だからです。この自己の存在への問いをもつということが、機械であるコンピュータや数学的な複雑系にはないのです。

この生きていくことに関連しているのは、ベルクソンが生きものの存在を時間と関係づけて考えた「純粋持続」という概念です。彼は、科学者（数学者）が考える時間は「現在」という時間的な一点の一次元的集合であり、その一つの「現在」という点とその隣りにある「現在」とは限りなく近いが、しかしその間は切れている。このような時間は、生きものがすでに生きてきた過去を振り返って見るときに現れる、空間に固定された時間、いわば空間化された時間であると主張したのです。これに対して、生きものが生きていくときに現れる時間は、切れ目なく持続する時間であり、「持続する」ということ、すなわち純粋持続が生きものの存在そのものを示していると考えたのです。

居場所の〈いのち〉がなければ、生きものは、生きていくという本来の存在の形をとることができません。それはベルクソンが言う意味での時間そのものが生まれないからです。舞台で演技をしていく役者のように、居場所の〈いのち〉に包まれることで、はじめて持続する時間が生まれます。時間が持続して生まれるというそのことが、生きていくということなのです。

この「生きていく」という生きものの存在が〈いのち〉の活きによってもたらされていると考えることが、存在の科学の出発点になります。したがって、存在の科学は「〈いのち〉の科学」でもあります。〈いのち〉の科学の核心的な問題はもちろん「〈いのち〉はどのように活くのか?」ですが、具体的には〈いのち〉によって生きもののどのような存在が持続していくのかということです。この〈いのち〉という出発点から生きものの共存在を考えていくことは、「多様な生きものの共存在とは、それぞれの〈いのち〉が、互いにどのような関係をつくって、その居場所において活いていくことなのか?」という問いに答えていくことです。

外在的世界と内在的世界

〈いのち〉から出発することは、もっと具体的に言えば、居場所における〈いのち〉の活動から出発することです。このことは主体と居場所との関係から出発していくことでもありますから、これまでの科学のように、人間の活きと地球の活きを主体と客体に分離して取り扱うことはやめて、分離しないで取り扱う、非分離的な取り扱いの方法を探求していくことにもなります。したがって、その探求を進めていけば、地球における持続可能性を探求していくことに、自然につながっていくと思われます。

ところで、自己の〈いのち〉の能動性ですが、これはエンジンやモーターのように動くということとは違います。またロボットのように作業をすることでもありません。〈いのち〉の能動性は、生きものが存在し続けようとすることの根底にある能動的な活き、存在の能動性です。死線を越えて、前向きに生きていこうとする生きものの、主体的で創造的な存在のあり方です。したがって、それは現象として、外から捉えられるものではありません。その〈いのち〉によって存在し続けようとするのが主体的な自己ですから、どれほど科学が進んでも、それを内視鏡のような装置で直接観察することはできません。まして他者の主体性として活いている〈いのち〉となると、ますます摑み所がありません。

このことを理解しにくければ、もう少し問題を限定して具体的に考えてみれば分かるのではないでしょうか。「あなたには主体がありますか?」と聞かれれば、あなたは「それはもちろん、ありますよ!」と、やや憤然として答えられるでしょう。「しかしそのあなたの主体は、この内視鏡で身体を隅々まで探したけれど、結局、見ることができなかったじゃないですか」と、重ねて言われたら如何でしょうか? あなたは、立腹して、「そんなもので、私の主体が見えるはずがないじゃないですか」と言われるか、沈黙したまま心の中でそう思われるかだと思います。

一般的な説明をすると、人間は自己の存在と意識の対象を主客に分離して、その対象を自己の存在の外側の世界(外在的世界)に位置づけることができれば、それを明在的に認識することができます。このようにして明在的に認識される対象が集まっている世界を「外在的世界」と呼ぶことにしましょう。それに対して、自己の〈いのち〉のように自己自身の存在と切り分けることができないために、つまり自己自身となっているために、主客に分離できない対象は、存在していることがどれほど確かでも、もともと明在的な対象を測定することを前提にしてつくられている科学技術的手段によって観察することはできません。

量子力学的な微粒子や複雑系は外在的世界に位置づけられていますが、その状態を観察者（つまり主体的な自己）の活きと完全に分離することができないために、明在的には原理的に知ることができない不確定な性質を示します。まして主体の活きそのものを、明在的存在としてその主体が捉えることはできません。したがって主体的な自己は、自己にとって暗在的存在になります。このように自己自身の活きと分離できない世界を「内在的世界」ということにします。宗教的真理はこの内在的世界の活きの法則を、神や仏の活きの形で表現していると、私は考えています。

意識が明在的に認識できる外在的世界の範囲を、意識の地平と言います。その地平の下にあって、意識が暗在的にしか捉えることができない世界が内在的世界です。外在的世界は人びとがほぼ共通に認識できることから、科学的研究の対象となって、科学技術的方法によって測定されてきたのです。内視鏡で見ることができるもの、天体望遠鏡を使って観察できるものは、すべてこの外在的世界に属しています（図1）。このように、誰もが認識できる世界を探求していくことから、その結果に「客観性」が重んじられるのは当然であり、また他者が確認できることで、その結果が客観的に正しいことが保証されることになります。

一方、もう一つの科学である〈いのち〉の科学は、この外在的世界の探求は従来の科学に任せて、内在的世界の探求に重点を置きながら、その結果と科学的に解明されている外在的世界との相互整合的な関係を探求していくことになります。しかし、それは宗教のように宗教的物語から出発するものではなく、事実から出発し、あえて言うならば「地球の形而上学」を目指して、科学と宗教の中間に

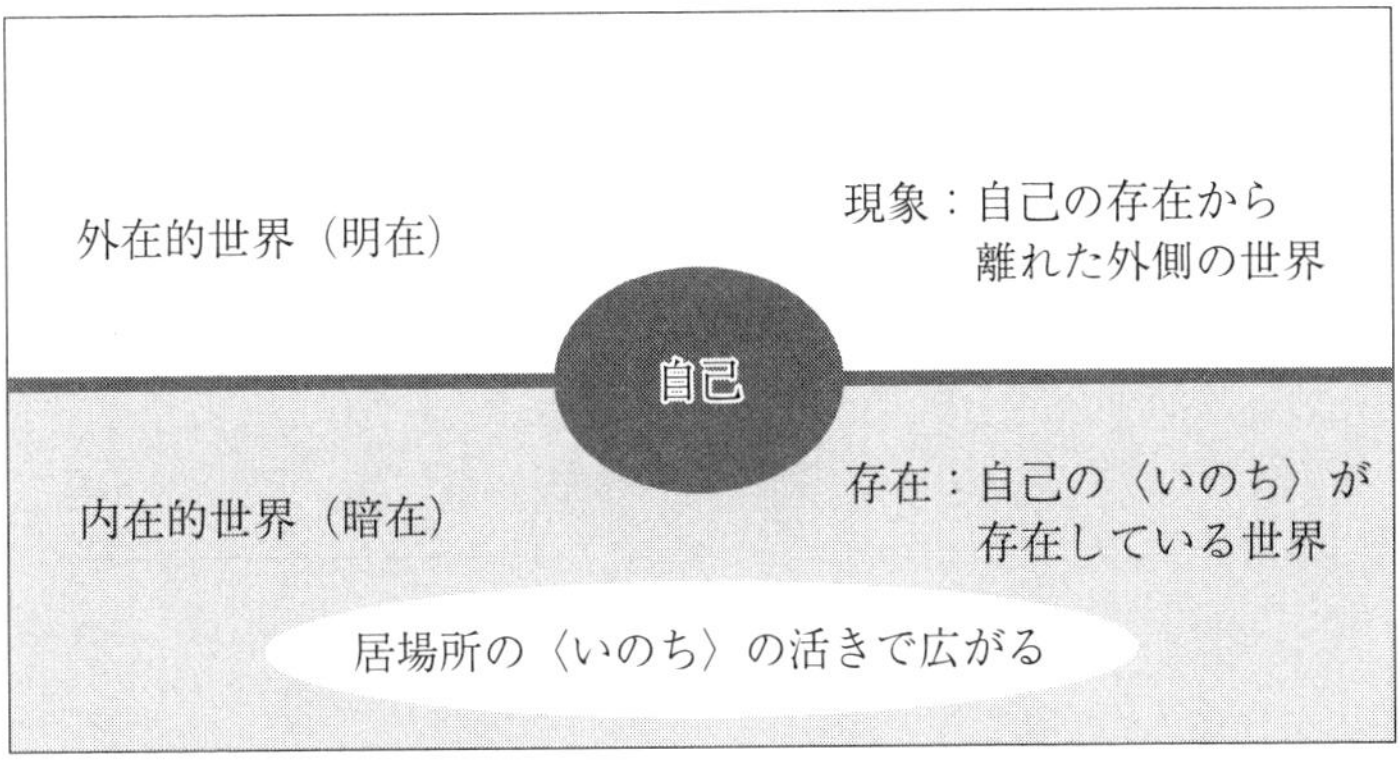

図1　外在的世界と内在的世界

位置を占めようとするものです。

このように言うと、欲張っているように思われるかも知れません。しかし、後で詳しく説明することになりますが、もともと一つの世界を、主として脳の構造にしたがって、人間が外在的世界と内在的世界とに分けて認識しているのであり、真の世界はこの両世界を相互整合的な関係になるように統合したものに近いと、私は考えています。

内在的世界がどのような構造になっていて、そしてどのような原理と法則によって活動しているかを知ることが、さしあたって〈いのち〉の科学の重要なテーマです。生きものの内在的世界にはそれぞれの個体の〈いのち〉だけが存在して、互いに独立した蛸壺のような構造をしているかも知れませんし、多くの生きものの〈いのち〉が共に存在して、地球全体の〈いのち〉の内在的世界を形成している可能性も否定できません。外在的世界で生きものを見るかぎり、互いに関係なく生きているように思えても、内在的世界に踏み込むと、互いの〈いのち〉が「地下水脈」となってつながっている可能性があります。もしもそうなら、〈いのち〉の科学による内在的世界の研究は、人間の間の〈いのち〉のつながりや、生きものの共存在と進化、人間と地球の主客非分離的な関係、そして地球の持続可能性などを考えていく上で、欠かすことができないものになることでしょう。

このような内在的世界を分かりやすく表現すれば、それは意識が届かない「縁の世界」に相当します。たとえば、日本に一九三二年に生まれたこの私という自己の存在のありようは、私の意志によって決まったことではなく、なぜそうなったのかは、明在的な現象を科学的方法で追いかけても分からないことです。それは仏教によれば、縁の世界において私に与えられた宿縁です。また誕生後の私の人生も、決してこの縁の世界と離れて進んではいません。自己の意志で外在的世界を切り開いていくことは、もちろん、自己の人生の態度としては重要です。しかし、そのことも、外在的世界の裏側にある内在的世界と無関係に進んでいくわけではありません。人生の開拓は、人びとをはじめ多くの生きものとの縁をいただき、また縁をつくりながら生きていくということがあって、はじめて可能になるからです。〈いのち〉は、この縁の世界における存在者であると考えてみるのも、興味深いことです。縁の世界は〈いのち〉が横につながって広がり、また生きものの生と死を超えて縦につながっていく、純粋持続の世界です。この縁の世界は意識に対して暗在的ですから、科学的方法では測定できません。しかしそれでも、科学は縁の世界が存在していることを、否定することはできません。

ライプニッツのモナドロジー（単子論）

デカルトの「我惟《おも》う、故《ゆえ》に我あり」という「我」の発見が、西洋における近代を開いたと言われます。さらにこの「我」は、現代史においても、科学の基盤となる「観察し、思惟する主体」として力を維持しています。この「我」について、私は中小企業の方々を対象にした「哲学塾」という集まりで、最近次のような話をしました。

私たちには「我」というものがありますね。この生きものの「我」には、自分の外側にある外在的世界を切り離して見るという特徴があります。外在的世界は、「我」が見たり測ったりすることができますから、科学的に研究することができます。でも、この「我」には見ることができない世界があります。そのような世界とは一体何でしょうか。それは、「我」の内側にあって「我」を構成している、内在的世界です。その世界は、活きとしては確かにあることは分かるけれど、「我」の一部にもなっているために、「我」から切り離して見るわけにはいきません。だから、「我」にはどうしても見えないわけです。その世界は、小さいかと思うと、とても大きく、どこに果てがあるかも分かりません。

この内在的世界を切り捨てて、「我」と外在的世界の関係だけを考えてきたのが近代文明です。しかし、切り捨てられたこの内在的世界にこそ、行き詰まっている近代文明を乗り越えてこれからの文明が発展していく大きな世界があるということを、私は皆さんに申し上げておきたいのです。たとえば私がお話ししている「〈いのち〉の自己組織」は、この内在的世界でおきるできごとです。それは「我」の目では見ることができない暗在的な変化ですから、科学的に測定することができるものではありません。

いま述べたようなデカルトの言う「我」に対して深刻な疑問をもっていたのが、同じ時代に生きていたライプニッツでした。ライプニッツは、個人には誰もが（客観的に）見ることができる外在的世界の他に、内在的世界があると考えていたのです。彼はこの内在的世界は個人に固有なものであり、外からのぞき込むことができない「窓のない部屋」に相当すると考えて、それをモナド（単子）と名づけました。モナドには窓がないために、その内的な活きによって変化をしていくことになります。ライプニッツによれば、このモナドこそは個人に固有な主体性が存在する場所であり、個人の考えや価値観の違いはこのモナドの構造的な違いから生まれてくることになります（下村寅太郎『ライプニッツ研究』一九八九年）。

このように窓のない部屋であるモナドの主が、互いに調和して社会に生きているのはなぜだろうかと、ライプニッツは考えます。モナドは、個人に互いに異なる主観的な意味や価値を与えます。つまり、ライプニッツの問いは、相異なるモナドをもつ人間同士が、いかにして価値や意味を共有して調和（秩序）のある状態をつくることができるかということです。これを現代の問題に置き換えると、人間は、それぞれの主観にしたがって――自由意志にしたがって――行動しているのに、なぜ〈いのち〉のつながりが大切だとか、居場所としての地球の持続可能性が重要だというような、共通した調和的感情が生まれるのだろうかということです。ライプニッツは、その理由を、世界をつくった神が、そのように人間が振る舞って世界（地球）に調和を生成するように予めモナドを設計しておいたからであると考えて、それを「予定調和」と呼びました。現代風の表現をすれば、地球上の生きものが調和をするように、予めDNAに書かれているということでしょうか。そんなことが遺伝子だけでできるかどうかは別として、簡単に否定することもできないと思います。

また、これとは少し異なった発想で、モナドには外在的世界全体を（〝写す〟ではなく）映す鏡としての活きがあり、外在的世界の状況を共有しながら動いていくから、モナドは結果的に調和的に振る舞うという考え方があります。西田幾多郎は、モナドに相当するものを深い井戸にたとえました。自己の内在的世界を深く探ることを、深い井戸を覗き込むことにたとえて、そこに満天の宇宙が映り、さらにその井戸を覗き込んでいる自己自身も映っていると考えたのです。池田善昭は、モナドは外在的世界に包まれつつ、その世界を内側に内在的世界として包んでいると表現しています（池田善昭『ライプニッツ「モナドロジー」』二〇一一年）。モナドがこのような「包まれつつ包む」鏡であることを示す分かりやすい証拠として、池田は世界に生成する時間をそこに刻み込んでいる樹木の年輪をあげています。

デカルトの思想の「体内」に隠されている問題点を鋭く見抜いて提唱されたライプニッツのモナド

ロジーには、西洋の近代思想を乗り越えていく方向がどちらにあるかが示されていると思われます。それが問題に対する十分な回答になっていないとしても……。

内外両存在世界をつなぐ境界の活き1――科学の問題

このように世界を二つに分けて考えているものの、本書の付録に卵モデルを示していますが（二二三頁）、そこで表現したいことは、外在的世界（黄身の世界）と内在的世界（白身の世界）は本来一つの世界であるということ、つまり実際に存在している世界は、この両世界を一つに統合した世界であるということです。したがって外在的世界が明確になっていくことによって、その世界に欠けているものも次第に明確になり、内在的世界の存在がどうしても否定できないものになっていきます。一方が他方を否定するのではなく、双方が互いに（互いに補い合って一つになる）相補的関係となるように進むことで、それぞれ正しい方向性を得られるのです。

内外両世界は一つの世界に生まれる矛盾をもう一方の世界が解消する関係をつくりながら続いてきたと思われます。しかし、人間が内外両世界のどちらか一方の世界だけしか存在していないと思い込んで、一方の世界だけに偏った文明をつくっていくと、どういうことになるのでしょうか。それは一方の世界がつくり出す矛盾を他方で解消することを妨げるわけですから、その文明を続けていけば、地球の上に解消できない矛盾が蓄積していくことになります。そして結局は、人間が自分で、自分自身が生きて存在していけない状態をつくってしまうことになります。

すでに現在、CO_2による地球の大気の温暖化が、元へ戻すことができない変化を地球に生み出していく可能性が高く、〈いのち〉の居場所としての地球は危機的状態にあると言われています。人類がこのような危機をつくり出してしまった原因は、経済的価値とは本来人間の存在――正確には生きものの存在――を主客非分離的に含めた富であるはずなのに、資本主義経済では人間の存在から主客分離されたマネーが富として受けとられて、他者よりも多くのマネーを所有することが、市場に生き残る必要条件になっているところにある、と思われます。しかし、このように存在から主客分離されたマネーには、富としての実体はありません。それは国債によって裏書きされた国民の約束手形であり、その価値は約束にすぎません。その約束を市場（投機的な資金を出している人びとや団体）が認めなければ、世界的な大恐慌がおきる可能性が常にあります。その恐怖から逃れるためにも、マネー経済の持続的成長が必要になります。

話が〈いのち〉の問題から少し逸れましたので、資本主義経済を駆動してきた富の主客分離を、人間の占有的な所有欲というところへ戻って考えてみると、占有欲とは内在的世界を切り捨てた〈いのち〉が、外在的世界につくり出す幻想です。したがって、それは地球を占有しようとする独裁者の幻想につながっていきます。競争がすべて悪いのではありません。幻想にもとづいておこなわれる競争が矛盾をつくり出すのです。地球に生き残るために必要な活きは、生きものの共存在によって生まれる〈いのち〉――存在を続けようとする能動的な活き――です。この〈いのち〉が地球に持続するためには、内在的世界と外在的世界が相互整合的に統合されていくことが必要です。したがって競争が共創をつくり出すかどうかによって、競争の質を知ることができます。

地球の未来を開いていく夢は、暗在的な〈いのち〉の世界から、境界を通じて明在的世界にやってきますが、欲望に駆動される夢は明在的な世界で生まれます。外在的世界における起業や企業間の競争によって、生活を便利に快適にする、様々な道具や装置そして医薬が発明され、改良されて、それを基盤にして社会のインフラが整備されて暮らしやすい社会が生まれたことは認めなければならないでしょう。そういう意味で、市場競争は手の届くところに多くの夢を作り出すこともしてきたのです。また、それらの夢には内在的世界から生まれてきたものも沢山あったと思います。しかし、欲望から生まれる夢は戦争という災いをともなう悪夢に転化してしまうことは、人間の歴史そのものが示しています。それは、欲望の世界に生まれた夢には、〈いのち〉に関係する何か重要なものが欠けているからではないかと思います。

明在的な外在的世界への人びとの関心が強まるほど、その一方で内在的世界への接触が衰えていくことから、資本主義経済の成長にともなって夢もしぼんで小さく現実的になり、経済を進めていく力強い活力（＝〈いのち〉）が失われていくことになります。内在的世界を失うことは、幸せへの夢を失うことになるのです。

内外両存在世界をつなぐ境界の活き2——宗教の問題

逆に、内在的世界しか存在しないと考えて、文明をつくっていくとどういう状態になるでしょうか。

一口に言えば、宗教的世界が生まれ、やがて異なる宗教や宗派の間の対立がおきて激化していくでしょう。その理由は、異なる居場所の間につながりが生まれるかどうかは、居場所の境界のあり方に関係しているからです。人びとが住む場所と外在的世界との間に、もしも観客席に相当する境界が生まれなければ、居場所の構造をとることはできません。したがって、内在的世界がどこまでも広がって、一つの宗教的宇宙が生まれます。そのために、境界の論理がないのが宗教的宇宙の特徴です。

つまり宗教では、境界を越えて未来の夢がやってくることはありませんから、その宗教的世界を拡大していく以外に夢が生まれる余地がないことになります。西洋のキリスト教では布教が進んで中世には事実上の拡大の限界にぶつかり、夢を失って無力になって、その支配的な地位を、夢を生み出す力を人びとに与えた科学に奪われたのではないかと思います。また、それぞれの宗教やまた同じ宗教でも、宗派が異なれば教義も異なり、したがってその宗教的宇宙も異なります。異なる宗教的宇宙をそのまま結びつける論理は、それぞれが宇宙である限り、原理的に生まれません。そのために、顕在化するかしないかは別としても、互いの間に戦いがおきる可能性が生まれます。

宗教の目的は死生を超える自己の存在の救済であり、その救済の原理は、（宇宙的な）〈いのち〉の居場所に自己組織される居場所の〈いのち〉に自己の〈いのち〉が包まれるという、〈いのち〉の自己組織への参加であるはずです。また自己にはその〈いのち〉の自己組織に参加できる〈いのち〉の活きが（DNAによって）与えられているということも、その宗教的原理に関係しているはずです。後で説明するように、一般に自己組織がおきるためには適切な拘束条件が必要ですが、〈いのち〉の自己組織の宗教的な拘束条件は、物語（生きていくための基本シナリオ）の形で与えられます。宗教的な物語は、自己の〈いのち〉を、その目的とする〈いのち〉の自己組織に与贈するための一つの手段です（順序が後先になってしまいましたが、〈いのち〉の自己組織については、〈いのち〉の科学の最重要テーマとして、後で詳しく論じます）。

しかし、宗教的目的としての〈いのち〉の自己組織は、あらゆる生きものを受け入れようとする限りのない存在の受容の活きであるはずなのに、その活きを引き出すための手段である明在的な宗教的拘束条件が、排除の論理の形をもっているという構造的矛盾が、宗教の論理にはかなり一般的にあります。宗教にとって最も重要なことは、目的である存在の救済であるのに、宗教、宗派間の関係では、この排除の論理の方が重要視されてしまうことが少なくありません。そのこともあって、救済の論理を広げることよりも、いつの間にか排除の論理の方が目的になってしまい、それが宗教的な抗争や紛争の原因になっています。本末が転倒したことによる混迷と救済力の喪失が、多くの人びとが宗教から離れていく原因であると思います。

実際、宗教間や宗派間の争いによって、多くの人びとが家や居場所を追われ、また子どもを含めて多くの人びとの血が流されています。互いに戦いを望まなくても、どこかでいったん小さな問題から紛争がおきると、問題を解きほぐしていく方法が容易に見つからないことから、紛争が拡大するばかりという状態になってしまうのです。したがっていまの時代に各国の政治的リーダーに切望されることとは、自己が信仰する宗教的宗派の宗教的宇宙によって自国を包むことで、観客としての活きをもつらです。

境界を消失させてしまわないことです。適切な境界の喪失は、紛争を呼び込むことになりかねないか

このような宗教間の紛争を避けるためには、宗教や宗派が〈いのち〉の居場所の構造をとって、外在的世界との境界を設定して、外在的世界における問題を共有することしか方法がないように思われます。互いに協力して問題に取り組む形ができると、それぞれが教義を護りながら緊張を解きほぐしていく方法を相談することが可能になります。冷静な目を現実に向けてみれば、好むと好まないとにかかわらず、地球をすべての生きものに開かれた〈いのち〉の居場所としなければ、人間も生きていくことができないことに気づくはずです。そしてその場合には、人間以外の生きものが外在的世界の役割を果たしてくれることと思われます。地球を〈いのち〉の居場所にするために、科学にはない大きな力を宗教がもっていることに気づくべきです。宗教における境界の活きを見直すことから、世界の平和の道が開かれてくると思います。

〈いのち〉の科学と絶対矛盾的自己同一

近代文明は、地球と人間との間は分かれているという科学の主客分離的な考え方を受け入れて進んできました。しかし人間と地球との関係に深刻な矛盾が生まれて、この文明をこのまま進めることが、地球に、そして特に生きものの存在に、危機的な状態をもたらすことが明らかになっています。ここまでの議論では、私たちの身体を構成する細胞が身体という彼らの〈いのち〉の居場所の一部である

ように、人間も地球という〈いのち〉の居場所の一部であるはずなのに、あたかも地球から離れて人間が存在しているかのように考えてきたことに、根本的な矛盾があるのではないかと考えてきました。このことは、さらに視野を広げていけば、宇宙と人間の関係についても言えることです。

そこで、地球と自己、宇宙と自己の関係を知識として捉えるのではなく、存在の関係として感覚的に摑むために、次のように言ってみたら如何でしょうか。「私は地球であり、地球は私である」、「私は宇宙であり、宇宙は私である」。この言葉を耳にしたときに心がほとんど動かないのであれば、それはこの言葉を、自己の存在から離れた知識の上での言い回しとして、受けとっているからではないかと思います。これらの言葉の前半を読んだだけなら、知識であると言うこともできますが、後半は〈いのち〉の居場所として実在している「地球」や「宇宙」が、自己の内側で活くことによって生まれる自覚です。この自覚をもって前半を読みなおすと、自己の強い覚悟が表明された言葉であることが分かるのです。

ここで言う「地球」や「宇宙」は、外在的世界に存在する科学的に測定できる地球や宇宙のことではありません。内在的世界に暗在的に存在している、〈いのち〉の居場所としての「地球」や「宇宙」です。言い換えると、主客非分離的な「地球」や「宇宙」です。このようなものの捉え方に、人間中心的に組み立てられてきた西洋の近代文明とは異なる存在のあり方があるように思われます。

鐵舟会から出版されている『鐵舟』という冊子の平成二十七年春号に大森曹玄が昭和五十二年二月に日本能率協会でおこなった講演の速記録が載っていますが、その質疑応答に次のように興味深いものがありました。

「華厳」の法理というのは非常に難しいんですけれども、本当はこれがわからないとどうにもならないのです。アメリカのフィラデルフィア大学のフィリップ博士が現在の絶望感、挫折感、虚無感、これはいまのヨーロッパに伝統する宗教といえども救うことはできない。これは、中心が至る所にあって周辺がないという実在感のみが救い得る。その実在感は禅だけがもっている、こういうことを言っているのですが……。これが仏教の根本的な考えですね。つまりわれわれは一人ひとりにみえますけれども、無限の世界においてつながっているわけです。

ここで大森が引用している「フィリップ博士のいう実在感」は、人びとが「私は地球であり、地球は私である」と、心から信じていることに相当するのではないでしょうか。そのように信じることによって、互いの間に争いがおきることは決してなく、またそれぞれの違いを調整して合わせようとすることもなく、その違いのまま、自己の存在意義を互いに発見しようとするでしょう。

西田幾多郎は、このように互いの存在の違いそのままに、場所において存在がつながっている状態を「多即一、一即多」と表現して、絶対矛盾的自己同一と名づけました。ここで言う「一」とは、一口に言えば暗在的な内在的世界のことです。その世界は外在的世界における有と無のコンセプトを超越した暗在的な世界ですから、「絶対無の場所」と名づけられています。絶対無ですから、地球や科学的な宇宙のように境界はありません。「いま、ここ」に存在する個人の存在に合わせて、絶対無の場所の方から近づいて絶対矛盾的自己同一を生成してくるという「逆対応」（述語的論理）が、西田哲学の大きな特徴です。この逆対応は、浄土真宗の教義を近代に合うように表現した清澤満之の、「無限大の如来と有限の個人の合致のために、阿弥陀如来の方から近づいてくる」という考え方を反映しています。また逆対応は、親鸞の「我一人《われいちにん》の救済のために、法蔵菩薩（阿弥陀如来となった菩薩）のあの長い苦行があったのだ」という言葉（『歎異抄』）を裏付けると、西田は考えました（西田幾多郎の逆対応とは、如来のような絶対者と個物（＝個体）とが、互いの自己否定から生まれる活きを通じて相互に関係しあうことですが、西田のこの逆対応は、彼の思想的な深みから宗教的真理として表現されたものであるために、西田の独特の言い回しと禅や親鸞の表現に通じている専門家以外には、なかなか分かりにくいものです。本書の読者のために分かりやすく意訳すれば、「いま、ここ」にある唯一の存在者としての個体に向かって、宇宙的な〈いのち〉の居場所が〈いのち〉の与贈循環を通じて居場所の〈いのち〉を与贈してくる活きです）。

この本のはじめの方に書いた現象と存在に関する対話で、「いま、ここ」に、この自己が存在していることに対する疑問は、この私という「主語」が提出したものではなく、絶対無の場所（内在的世界）が自己に活きかけることによって生まれてくる自己の存在の自覚であるということが、西田哲学からの回答になると思います。そのような疑問の形で、絶対無の場所における自己の存在が自覚されてくるのであり、この疑問を通して、宗教への目が開かれてくるのです。

本書の目的は、これまでの現象の科学に加えて、「もう一つの科学」として存在の科学の構造を提案するところにあります。その大きな目標は、持続可能な状態を地球に実現するために、人びとが文化や宗教の違いを超えて共有することができて、かつ共創的に進めることができる〈いのち〉の科学を「地球の形而上学」として提案するところにあります。〈いのち〉の科学は、地球における多様な生きものの共存在の原理と諸法則を明らかにしていくことに大きな目標を置いています。既存の現象の科学（科学技術）とも境界をはさんで合致することを考えても、西田哲学は思想的基盤として重要ですが、〈いのち〉の科学は、それとは異なっていることが必要になると思われます。具体的には、内在的世界を「絶対無の場所」という形で捉えてしまうと、現象の科学に関係づけられなくなることから、居場所の構造にしたがって居場所の〈いのち〉の自己組織を取り扱うことができる形にするという、必要があると考えています。

〈いのち〉の居場所

〈いのち〉という主体性

近代文明は、欧米における自我の発見によって生まれてきた人間中心的な生命観の上に発展して、現在のように世界に広がったものです。その結果、人間の主体性が自我の活きに結びつけて理解され、それが近代文明の強い浸透力によって世界に広がっています。しかし、主体性をそのようなものとして考えるならば、明治維新以前の日本人には主体性がなかったことになり、戦後の復興に大きな力を発揮した日本型経営の組織は主体性のない組織ということになってしまいます。またそのように主体性を解釈すると、戦中戦後を生きてきた自分自身には主体性がなかったことになるために、知識人と言われる人びとに広く見られたように、日本の社会を自虐的に評論するという生き方になりがちです。

また人間の主体性に対するこのような理解が、多くの創造的な可能性を抑えてしまったことがないとは言えません。

〈いのち〉の居場所としての地球の持続可能性を考えるためには、地球における生きものの共存の原理と法則を知ることが必要です。そのためには、自我中心的なものの見方や、そこから生まれてくる人間中心的な生きものの捉え方にとらわれない自由な発想が必要です。そのことは、主体性についても言えます。そこで、本書では「生きものの主体性」という広い考え方を採用して、生きものの〈いのち〉そのものの活きを、その生きものの主体性として受け入れることにします。〈いのち〉の活きは、生きものの存在と分離できないものであり、また存在に結びつけてはじめて適切に理解できるものであるために、〈いのち〉を、生きものがもっている普遍的な主体性と見なすことができると、私は思っています。

このように人間を含めた生きものの主体性を捉えなおしてみると、主体性には、生きものの存在が歴史的であることから生まれる種差、性差、個体差、地域差、文化差などにもとづく多面性があるのに、それを近代社会では自我という一面からしか捉えてこなかったことが、現在の危機的な状態を地球に生み出した原因の一つになっているのではないか、とさえ思われてきます。

一つの身近な例を考えてみると、男性と女性の主体性を自我中心的に定義すれば、両者には差がないことになります。もしも人間の主体性がそれだけなら、社会における男女の共同参画とは、企業や組織や社会における男性と女性の状態をできる限り等しくすることになります。実際、現在、社会にはこのような理解が広がっていますし、もちろん女性であるが故の差別を受けることがあってはなりません。しかし、このような人間の一面的な理解だけでは、女性がもっている母性という極めて重要な資質に目をふさぐことになりかねません。それは、女性の高い能力を無視して男性の型を押しつけるという意味での逆差別になってしまう可能性すらあります。

哺乳動物の幼い子どもに対する母性には、心を打たれます。母性には、母なる地球の「〈いのち〉を生み、そして〈いのち〉を育む」内在的世界の活きが映されています。それは、生きものがもっている弱さを受け入れて〈いのち〉を育む活きです。人間とても、例外ではありません。その母性を、女性が普遍的にもっている主体性を構成する重要な活きとして受け入れることから、女性に対して尊敬と思いやりのある社会が生まれると、私は思います。また、女性が家庭において母として〈いのち〉を育む愛は、弱さを受け入れることから生まれるものであるために、その愛に包まれた家族は、安心して自己を隠すことなく表現できるのです。母性は誇るべきものであり、その〈いのち〉を育む活きを、家庭を越えて地域社会に広げていくことは、共存在への極めて重要な一歩となります。また、厳しい災害に襲われる日本列島で、女性が日本文化として大切に育ててきた他者への思いやりという優れた面を、ここで失ってはならないと考えます。

欧米の社会がもともと男性型社会であり、グローバル化した日本の大企業の職場は、その影響を強く受けているために、ある程度欧米における女性像が当てはまることも多いと思います。しかし日本の生活社会に密着し、母性型の粘り強い活きが大事な役割を果たしている中小企業では、女性に欧米型の女性像を機械的に押しつけることから、企業と女性自身が受ける被害は小さくないと思われます。実際、最近では赤字続きの店が、「なでしこ力」とも言うべき女性の巧みな場づくりの力によって黒字に転じた例も、町工場を復活させた諏訪貴子さんや、赤字続きの店舗を非正規の職員の女性の力によって黒字に変えた幾つかの例が生協で報告されるようになってきました。共存在型社会では、弱者に対する思いやりの深さをどのように場づくりに反映させるかが、重要になってくるのです。

いずれにしても、生きものの〈いのち〉をその主体性として思いやることから、生きものの存在に対して温かな地球文明が生まれるのではないでしょうか。以下では、この考えのもとに、人間を含む多種多様な生きものの主体が、内在的な世界としての地球において共にどのように活いて、「大きな生きもの」としての地球の〈いのち〉の創造的ダイナミクスを生成し、あたかも個体の〈いのち〉の下に多種多様な細胞が共存在するように、多種多様な生きものの共存在状態を地球に創出してきたかを考えていきましょう。これはまた、「大きな生きもの」としての地球の主体的な活動を知ることでもあります。

居場所とは何か

これらのことを頭において具体的に一歩先へ進むために、まず居場所とは何かを考えてみることにしましょう。理解しやすい例として、家族の居場所である家庭について考えてみましょう。家庭は家（住居）とは違います。家は人びとがそこで生活するための「入れ物」ですから、家そのものには〈いのち〉は存在しません。家庭ができるためには、家に人が住むこと——家の内部に人の〈いのち〉が入ること——が必要です。しかし、どんな入り方をしてもよいわけではありません。

私は昭和二〇年代に東京の本郷で下宿生活を経験しましたが、空襲から焼け残った古い家を何人かの下宿人が間借りをして住んでいた状態は、〈いのち〉が家に入ってはいても、家庭とは言えません。ルームメイトはもちろん同室ですが、各部屋も古い唐紙一枚で隔てられているだけですから、互いの気配まで分かる状態です。下宿人がどれほど仲良くなっても、それぞれにとってその家は、自分と主客分離した状態にありました。下宿人のそれぞれの部屋は、ある程度は主客非分離的になっていたかも知れませんが、間借りをして部屋代を支払っている人びとにとって、その家全体は自分自身の存在と主客分離している外在的世界だったのです。そのために、少しでも傷つけないように住もうというような、「家に対する愛情」はあまり見られませんでした。下宿人にとって、間借りしている自分の部屋は野外における仮の宿のようなものでした。

家（住居）が家庭になるためには、そこに住む家族にとって、その家が自分たちと主客非分離の状態になることが必要です。その主客非分離の状態がどのように生まれるかを考えてみると、おおよそ次のようではないかと思います。家族がその家を、自分たちがそこに共に存在して生活していく居場所として受け入れることが、まず前提として必要です。そして、家族がその家における共同生活を幸せなものにしたいという願いをもって、自己の〈いのち〉をその居場所に与贈し続けていくと、「何ものかの活き」が、その居場所に自己組織的に——自然法爾《じねんほうに》に——生成して、家族それぞれの〈いのち〉（個体の〈いのち〉）を包みます。家族はそれを、「自分が安心して生活していくことができる場の活きに包まれている」と感じます。

また、家族が一緒に集まっていれば、互いに同じ場の活きに自分たちが包まれていることを感じます。そして、説明しなくても、それぞれがその場でおこなおうとしている行為の意味を互いに察知できることから、その場の未来を共有していると考えることができます。家族が一緒におこなう家庭生活を（家庭における）「〈いのち〉のドラマ」と名づけると、これは、そのドラマの進行を即興的に導いていく「〈いのち〉のシナリオ」――しかも同じ一つのシナリオ――に相当するものが、家族の内部（内在的世界）に生じているからです。これらのことから、「何ものかの活き」を介して、互いの〈いのち〉の間につながりが生まれることが分かります。それは、互いの内在的世界につながりができているということです。

その「何ものかの活き」ですが、それは、家庭という居場所の〈いのち〉であると考えられます。なぜなら、内在的世界にある個の〈いのち〉を包むことができるものは、内在的世界にあるものでなければなりませんが、それに当たるものは、個が存在している居場所の〈いのち〉しかないからです。また、一つの居場所に存在している個の〈いのち〉だけを選択して――外来の客としての個をのけて――一緒に包むことができるものは、その居場所の〈いのち〉しかないことも、次のようにこれで説明できます。

家庭という居場所の〈いのち〉がその家庭の家族の〈いのち〉を選択して包むことから示唆される

のは、家族から〈いのち〉の与贈を受けて家庭という居場所の〈いのち〉をもった「場所的な生きもの」が生まれ、そして家族が自己の〈いのち〉を継続的に内在的世界に与贈し続けることで、その〈いのち〉が家族の内在的世界を互いにつなぐ形で維持されていくということです。つまり、家族の内在的世界は、家庭の〈いのち〉という居場所の〈いのち〉によって、互いに歴史的につながっているばかりでなく、その居場所の〈いのち〉がそれぞれの内在的世界で活いて、一つの「〈いのち〉のシナリオ」を与えているのです。一方、外来の個は、その家における共同生活のために、自己の〈いのち〉を与贈していません。したがって、その内在的世界には、その居場所の〈いのち〉の活きが存在していませんから、それを感じることはできないのです。

みんなが主役

このことから分かるように、家族と家庭の間の〈いのち〉の活きの関係は、一方的なものではありません。家族の〈いのち〉が家庭の〈いのち〉の活きを受ける逆の活きも存在しています。したがって、家族と家庭は〈いのち〉を与贈し合う循環的な関係にあると考えられます。この〈いのち〉の循環を発見した私は、「〈いのち〉の与贈循環」と名づけることにしました（『コペルニクスの鏡』）。この〈いのち〉の与贈循環は、居場所の〈いのち〉が存在するところには広く見られるもので、個体、家庭、組織、企業、国家、宗教的宗派、地球など大小様々な居場所における〈いのち〉の活きを理解する上で、最も重要な原理です。

また、家族がそれぞれ家庭に与贈した〈いのち〉が――後で考えていく「〈いのち〉の自己組織」によって――つながって一つの家庭の〈いのち〉になるわけですから、家庭では「みんなが主役」という状態が生まれます。これに対して、外来の客は家庭に自己の〈いのち〉を与贈していないので、「主役」になることはできません。

家庭における〈いのち〉の与贈循環が〈いのち〉を与贈した家族に対してだけおきるのはなぜかということは、上で考えたように、家庭の〈いのち〉の自己組織的生成という活きが存在していることを仮定しなければ説明できません。しかし、〈いのち〉の自己組織的生成は、私が知る限りこれまで誰にも指摘されていない現象ですので、それを詳しく考えた後で〈いのち〉の与贈循環を振り返ってみることにします。

家に家庭ができる前は、その家は家族たちの外在的世界にありますが、家族がその家に入って、自己の〈いのち〉を居場所となるその家に与贈し、主客非分離的な態度で生活していく――〈いのち〉の与贈循環を生みだしていく――ことによって、その家の内部に自己組織的に居場所の〈いのち〉が生まれて、家族たちの〈いのち〉を包んできます。そうすると、その居場所としての家庭の〈いのち〉と家族の個人的な〈いのち〉が〈いのち〉の与贈循環によってつながって、外在的世界のように分離することができなくなる（主客非分離の）状態が生まれます。その結果、家族それぞれの内在的世界には、自己の〈いのち〉ばかりでなく、それとつながっている居場所の〈いのち〉が共通に存在し、そしてその居場所の〈いのち〉に媒介されて家族の他のメンバーの〈いのち〉も互いに存在しているという構造――小さいけれど「縁の世界」の構造――が生まれてくるのです。

住む前には、家族にとっては外在的世界にあった家の内に家族が住むことによって、そこに内在的世界が生まれることから、居場所の構造を次のように理解できます。それは、外在的世界に設定された境界（器）の内側の空間（場所）に内在的世界が生まれて居場所となり、そしてその居場所では、家族全体の〈いのち〉を取り入れた居場所の〈いのち〉としての家庭の〈いのち〉に包まれて、個々の家族の〈いのち〉が存在しているというものです。この居場所の構造を、私は、「器の内に境目なくつながった白身と、その白身の内に互いに離れて浮かぶ幾つかの黄身」という「卵モデル」のイメージで表してきました（清水博『場の思想』二〇〇三年、新装版二〇一四年）。本書の付録に示した卵モデルのように、ここでは白身が、居場所に生まれる場に相当します。家庭という居場所（白身）は、その外側の外在的世界と境界（器）の壁を隔ててできる限り相互整合的に接しています。やはり居場所には、その場所的な範囲を限定する「境界」が必要です。器の形にしたがって白身の形も決まります。地球は球体であり、その場所としての範囲が限定されていますから、やはり「境界」があると考えるべきです。

居場所とその〈いのち〉の与贈循環

右で考えたこと、すなわち、〝居場所には居場所の〈いのち〉が存在して、そこに生活してきた生きものの〈いのち〉を選択的に包む〟ということと、卵モデルで表現されるような居場所の構造が本当に確かかどうか、この問題を少し異なる角度から考えることによってチェックしましょう。居場所としての家庭は、家族一人ひとりの内在的世界に暗在的に存在しているものなので、外の人がその家庭を訪問しても、家族のようにはその家庭の状態の機微が分かりません。このことは、居場所の〈いのち〉が家族の〈いのち〉を選択して包み、そして導くということと関係があります。なぜそうなるかということは、家族は〈いのち〉の与贈循環によって家庭を自己組織的につくり続けながら、その場所的な〈いのち〉を維持しているからです。このことは経験と合致します。

大きな怪我や手術によって多くの細胞が死んでも、その個体の〈いのち〉が続くのは、個体としての〈いのち〉は細胞の〈いのち〉がただ集まったものではなく、それとは別に、「個体としての〈いのち〉」が存在し、それを持続する能動的な活きが個体にそなわっているからであると考えられます。具体的には、変化によって各細胞に新しい場所的位置が与えられ、居場所である個体全体の〈いのち〉が持続して維持されるような自己組織活動をあらためて始めさせる活き（新しい拘束条件）が個体に生まれるということです。たとえば、細胞が適切に活動したとき――〈いのち〉を適切に与贈したとき――にだけ、居場所としての個体からその活動と整合的な〈いのち〉のシナリオを受けることができれば、細胞は新しい活き方を知ることができます。

これと同様なことが、家庭の〈いのち〉についても言えます。家族のうち何人かが短い期間不在になっても、家庭の状態にあまり大きな変化がないのは、居場所としての家庭の〈いのち〉が、家族の個々の〈いのち〉をただ足し合わせたものではないからです。この事実は、家庭自身が、その存在を能動的に持続しようとする居場所の〈いのち〉をもっていることを示しています（留守を守る家族には、それだけ負担が加わります。これはサッカーの競技でレッドカードを出された選手がチームから抜けたときに、他の選手の負担がそれだけ増えることに相当します）。しかし家族の構成に長期的な変化がおきれば、家族がそれまでと同様な〈いのち〉のシナリオを受けとることができないために、家庭生活という〈いのち〉のドラマを、それまでのように続けていくことができなくなります。そして、その変化に応じて、家族それぞれの役割が変わります。その新しい役割に応じて行動すること——あらたな形で居場所としての家庭に〈いのち〉を与贈すること——が、引き続いて家族であるために必要になります。もしもそれができなければ、その人は〈いのち〉の与贈循環の外に置かれてしまうので、家庭への外来者と同様の状態になってしまいます。

あまり大きく報道されていませんが、外から与えられる何らかの理由によって、家族が長期間にわたって別れて暮らしていかなければならなくなったり、あるいは職場の仕事に追われて、別れて暮らしているのと実質的に変わらない状態で生活していると、家族が負う心の負担は、時には心の病をおこすほど大きいのではないかと考えられます。人間は、居場所の〈いのち〉が実在していない世界で、いつまでも「〈いのち〉のドラマ」を続けていくことはできません。いつの間にか、心に忍び寄ってくる空しさに耐えられなくなるためです（このことに関しては、また後で、マルティン・ブーバーの根源語に関係して考えてみることにします）。

居場所の二領域構造とその活き

このように居場所は、生きものが集まっている外在的世界という面と、生きものの〈いのち〉がつながっている内在的世界という面という二領域構造をもっています。そして、科学的な客観性は外在的世界に、居場所の美や意味は内在的世界に現れます。これは家庭にも見られる特徴ですが、さらに一般的に、居場所に共通して見られる普遍的な特徴です。居場所に存在している人は、自分から居場所を切り離して（主客に分離して）捉えることができないために、その意識に二領域構造が現れるのです。また、この二領域構造があるため、居場所の解明には、物質から出発して人間の外在的世界の原理や法則を明らかにしていく現在の科学の他に、〈いのち〉から出発して内在的世界の原理や法則を発見しながら内側から解明していくもう一つの科学が必要になってくるのです。

居場所がこのように、外在的世界と内在的世界という二領域構造をもっていることは、本当は内外両世界を相互整合的に統合した一つの世界が実在しているにもかかわらず、人間の意識がその世界を二つに分けて認識した上で統合することしかできないことを反映しているのではないかと、私は思っています。外在的世界におけるできごとは五感によって明在的に捉えることができますが、内在的世界におけるできごとは暗在的ですから、このように直接的に捉えることはできません。意味や価値を明在的に捉えることができないのは、それらが内在的世界に根ざしているからです。

居場所の構造は、内在的世界と外在的世界という二つの世界が相互に整合的な関係になるように統合した二領域構造をもっており、外在的世界では〈いのち〉は生きものにそれぞれ個々別々に宿っている独立した「粒子」としての性質を示すのに、内在的世界では、〈その居場所に〈いのち〉を与贈しながら存在している〉それらの生きものをすべて包む「場」としての性質を示します。場が生まれるのは、居場所に広がった居場所の〈いのち〉が自己組織的に生成されるからです。

ここで重要なことは、居場所における〈いのち〉の「粒子」の状態はすべて互いに異なっていなければならないという、「〈いのち〉の粒子の非同一性」です。このことは生きものに宿っている〈いのち〉はオンリーワンであり、原理的に互いに置き換えることはできないことを示しています。だから、誰か別の生きものに代わって死んでもらうことはできず、必ず自分が死ななければならないのです。居場所における生きものそれぞれの存在の位置づけにも、この非同一性は重要な役割をしています。もしも、この性質がなければ、居場所における生きものの位置づけの原理が見つからず、したがって生きものの多様化と生物的進化はおきなかったと思われます。

場の量子力学では、非同一性をもっている粒子のことを「フェルミ粒子」と呼び、非同一性をもっていない粒子のことを「ボーズ粒子」と呼びますので、ここでは、表現を簡単にするために〝〈いのち〉の粒子は「フェルミ粒子」である〟と称しておきます。

居場所における〈いのち〉は、この内外両面を統合して意識されることから、居場所に広がる場を「舞台」にして、多様な「フェルミ粒子」としての非同一的な活きをもつ「役者」たちが同じ〈いのち〉のシナリオを舞台から与贈されつつ「〈いのち〉のドラマ」を演じている、と表現してみることができるでしょう。これを「居場所の即興劇モデル」（清水博『生命知としての場の論理――柳生新陰流に見る共創の理』一九九六年、『場の思想』）と言います。そう考えれば、生物進化こそ、居場所としての地球におきている〈いのち〉のドラマなのです。

即興劇モデル

これまでは家庭という例を見ながら居場所の構造を考えてきましたが、企業や地域社会、地球といったもっと大きな〈いのち〉の居場所についても具体的に考えるときに役立つのが、「即興劇モデル」です。このモデルでは、生きものが居場所の内部においてそれぞれの〈いのち〉の能動的な活きにしたがって生きていくことを、「観客」が見守る「劇場」の「舞台」において「役者」たちが自己の〈いのち〉を表現する「〈いのち〉のドラマ」を即興的に演じていくという具体的な表現で言い換えます。生きものを「役者」と呼ぶのは、ちょうど即興劇が役者の演技次第で変わるのと同じように、生きものの活きが居場所に暗在的に生み出す場と、その下で生きものの個々の〈いのち〉の表現の間に生まれる関係によって「〈いのち〉のドラマ」が変わるからですが、さらにそれに加えて、全く同じ役を演じる役者が即興劇の舞台の上に複数いてはドラマが進行できないように、一つの居場所には全く同じ活きをする生きものは存在できないという「〈いのち〉の非同一性」を表すためです。また居場所を「舞台」と呼ぶのは、生きものの〈いのち〉を自己組織的に統合して居場所に自己組織的に生み出される居場所の〈いのち〉の表現は暗在的であり、それがちょうど、ドラマでは舞台の活きが暗在的であることに相当するからです。

問題によっては、これに劇場の外の世界を加える必要があります。即興劇モデルによって言い換えると、居場所は劇場、その居場所における生活は即興的におこなわれる「〈いのち〉のドラマ」ということになります。その場合は、居場所の内部空間とそこで生活していく生きものに対応するのが舞台と役者、また居場所の外側の世界（さらに大きな居場所）と内側の世界（居場所）の境界が観客席に対応します（念のために注意をしておきますと、居場所の内側の世界と外側の世界は、居場所の重層的な構造と関係しているもので、内在的世界と外在的世界とは異なる概念です）。

劇場は、ドラマの舞台と役者、観客席、そして劇場の外側の世界（劇場を重層的に包んでいる世界）という構造をもっています。劇場という構造体は、もちろん舞台も含めて、誰もが客観的に観察できるものですから、外側の世界にも位置づけられています。ドラマの観客は劇場の内側の世界とその外側の世界を相互整合的に関係づける境界の活きをしますから、観客席は、卵モデルの器のように、劇場の内側とその外側の世界の境界であると考えることができます。また、この劇場の構造は、考えてみると、大家族が一緒に住む大きな家の居間の構造とも似ています。家の場合は境界の活きをする観客席は家の内側にはありませんが、外側にあると考えることもできます。場合によっては、外側の世界を体験していろいろ知っている老人が観客の役割をすることも考えられるでしょう。一般に、居場所に〈いのち〉のドラマが継続していくためには、居場所の境界が内外両側の世界の状態を相互整合的に合致させることが必要です。

サッカーの競技場も、基本的には劇場と変わりません。サッカーの競技場を劇場に対応させると、グラウンドを舞台に、そしてアスリートを役者に対応させることができます。サッカーという〈いのち〉のドラマが時代を越えて続いていくのは、観客席に熱狂的な観客がいるからです。

地球を居場所とみなしてその劇場構造を考える場合は、その外側の世界は宇宙になります。その下に、生きものたちの共存在のドラマの舞台としての地球の生存圏が存在しています。そして、両者の間には大気圏があって、境界の活きをしています。その地球という舞台で共存在の即興劇を〈いのち〉のドラマとして演じていく役者が、地球に存在している人間や様々な生きものです。

これからの共存在の時代では、このようなかたちで地球の動的な状態を捉えていくことが必要ですが、そのためには、近代に生まれた国民国家という国家の概念に代わって、国家を〈いのち〉の居場所――共存在のドラマの舞台――として、考えていくことが必要になります。そうすると国境は、〝国の内外を相互整合的に関係づけていく観客がいる観客席〟となる必要があるでしょう。世界は本来一つであると考えると、内外両世界の間の相互整合的な境界の生成（すなわち、〈いのち〉の居場所の拘束条件の生成）を考えることができる形態が必要になってきます。

即興劇モデルは次のようなことを教えてくれます。居場所は外側の世界と内側の世界が出合う場所であるということ、そして両世界が相互整合的な関係になるためには、その境界の活きが重要であるということです。内外両世界の境界は、ベルリンの壁のような「拒絶の壁」ではありません。後で説明するように、居場所が歴史的に続いていくために、境界は、観客席の観客にたとえられる、非常に重要な活きをもっているのです。日本人はそのことを最もよく知っているはずです。それは、先祖が人間の集落と自然の間の境界として里山をつくり、その里山の活きを大切に守っていく文化をもっているからです。これからの時代には、里山のような活きをする国境が必要になります。

ところが近代において人間が自己の内在的世界を見捨て、自己とその外在的世界との関係だけで文明を進めてきたことが、人間自身に、そして地球に生きている生きもの全体に大きな災いをもたらして、〈いのち〉の星として選ばれたこの地球の〈いのち〉に深刻な危機をもたらしていることが、痛切に反省されなければならないでしょう。それでは、どのようにして「〈いのち〉の世界」である暗在的な内在的世界を知ることができるかを考えてみると、無機物化してきた人間の居場所に「〈いのち〉の居場所」をつくり出す技術が重要であり、また必要であると思われます。

しかしここまでの説明では、まだ重要な問題に触れていません。それは、下宿屋と家庭の違いがどのようにして生まれるのかということです。家庭の場合には、居場所の〈いのち〉が家族の〈いのち〉から自己組織的に生まれるということを指摘しましたが、それはもっと正確に言えば、「内在的世界で〈いのち〉の自己組織がおきることによって、居場所に居場所の〈いのち〉が生まれる」ということです。後で示すように、即興劇モデルを使ってこの問題を考えることができます。

ブーバーの根源語の二重性

マルティン・ブーバー（『我と汝・対話』植田重雄訳、一九七九年）によれば、人間は二重の根源語をもっています。そして、そのどちらの根源語をとるかによって、態度が異なります。彼が言う根源語とは、対話の言葉です。根源語の一つは〈われ―なんじ〉の関係で使われる対話語であり、もう一つは〈われ―それ〉の対話語です。ここで〈それ〉の代わりに〈彼〉や〈彼女〉を使っても、対話語に変化はありません。ブーバーの根源語は、外にある何かを言い表すために使われるのではなく、どちらの根源語が話されるかによって、語り手と、語られているものの存在の関係が示されるのです。

〈われ―なんじ〉の関係では、互いの存在を分離することができず、全面において人格的に関わらなければならないことになり、また〈われ―それ〉の関係においては、互いの存在が分離されているために、境界を隔ててかかわり合うことになります。言い換えると、〈われ―なんじ〉の関係では、互いの〈いのち〉がつながっていますが、〈われ―それ〉の関係においては、つながっていないのです。前者の場合は同じ舞台に立つ役者の関係、後者の場合は観客と舞台の上の役者の関係です。

ここで重要なことは、時間と空間です。〈われ―なんじ〉の関係は、内在的世界で生まれているために、同じ舞台の上の役者のように、その居場所の〈いのち〉と生きものの〈いのち〉の与贈循環によって、空間（場）が生まれ、また時間が生まれます。そして〈われ〉と〈なんじ〉は共に同じ居場所の〈いのち〉の活き――愛に包まれて生きているのです。他方、〈われ―それ〉の関係では、〈それ〉が外在的世界に存在するために、外在的世界に設定された客観的な空間と時間の中で〈われ―それ〉の存在の関係が語り尽くされてしまいます。かっては、〈われ―なんじ〉の世界で互いに愛に包まれて生きていたことがあったとしても、一度、〈われ―それ〉の関係に変わってしまうと、その愛は夢のように消え、虚無の空しさの中に苦さだけが残されていくのです。

成果主義を導入したことによって、それまで企業や組織の職場において使われていた〈われ—なんじ〉の根源語が、〈われ—それ〉の根源語に変わります。そのことは一体何を意味しているのでしょうか。創造は、この地球上に新しい「〈いのち〉のドラマ」を生み出す〈いのち〉の能動的な活きですが、それは〈われ—なんじ〉の根源語が使われる場所から生まれます。新しい空間が生まれ、時間が生まれるところに、現れるのです。

成果主義を信奉する人びとの目には、その新しい空間や時間の生成の努力が時間のロスとして映るようですが、そこで問題にされている時間は〈われ—それ〉の時間であって、〈われ—なんじ〉の時間ではありません。そのような居場所に愛は残らず、虚無と苦さだけが残されていくのです。

〈いのち〉の自己組織

自己組織現象

自己組織の原理として広く認められているものに、ハーマン・ハーケンが発見したスレービング原理（隷属化原理）があります。最初、ハーケンはレーザー光線の自己組織理論をつくりました。自己組織の原理をガス・レーザーによって説明すると、次のようになります。レーザー管に光を出す活きをするレーザーアトムのガスが入っていて、このガスがエネルギーをもらって発光するのがレーザー光線のもとになります。もともとエネルギーをもらったアトムが発光する仕方には二通りあって、その一つは、それぞれが発光したいときにする自然発光であり、もう一つは発光した他のアトムの光の刺激を受けて自分もその光の波に合わせて発光する誘導発光です。

光は、ご存知のように電磁波です。誘導発光のときには、刺激を受けた光の波の位相（山と谷の位置）と同じ位相の波の光を発光するので、光の波が揃うのです。レーザーアトムがそれぞれ互いに無関係に自然発光をしているときには、それぞれの光の波は揃っていませんから、普通の蛍光灯のように、波が揃っていない光が出てくることになります。

ところが、発光するエネルギーを与えられたレーザーアトムの密度がある閾値を越えると、アトムの間で誘導発光が連鎖反応のように広がっていくので、レーザー管の中では波の位相が揃った光がたまってきて、それがレーザー光線として外へ送り出されるのです。しかしこの場合も、はじめはレーザー管のあちこちで連鎖反応が始まり、それぞれが自分たちの位相をもっていますので、互いに競争して発光するアトムを自分たちの方へ引き込もうとし、最終的には競争に勝ち残った集団の位相に統一されることになります。

ハーケンはこのようにして山と谷が揃った秩序の高い光の波が（散逸構造として）自己組織されることを、場の量子統計力学を使って説明する理論を発表しました。その後、彼はその理論の構造から、ゲシュタルト心理学、脳の活き、社会現象、市場の活きなど、様々な領域に見られる自己組織現象に応用できる一般的な形式を抽出しました。そして、その理論が示す自己組織の原理をスレービング原理と名づけ、その原理を使って複雑系における自己組織現象を研究する普遍的な学問であるシナジェティックスを提唱しました（H. Haken, *Synergetics: An Introduction*, 1976）。

スレービング原理を簡単に説明すると、次のようになります。レーザーアトムがレーザー管のあちこちに、光の波のローカルなグループをつくっている状態がまず現れます。それらのグループの位相は互いに異なるので、グループの間で新しい光を取り込もうとする成長競争が起き、やがてそのうちの一つがレーザー管全体に広がっていく状態となります。停電すればすぐ真っ暗になることから分かるように、光の波はいつも同じ位置に止まっているわけにはいきません。光速で走り去ってしまったり、物体にぶつかって吸収されたりします。このように光は去っていくものですが、その先に鏡があれば、一部は鏡に吸収されるとしても、そこで反射されてまた戻ってくることを利用して、レーザー管を魔法瓶のように「鏡の部屋」にして、光をその中に閉じ込めることができます。

そうは言っても、そこからレーザー光線も送り出さなければならないので、半透明の鏡を使う必要があります。このことから分かりますが、レーザーアトムからは絶えず発光が続くようにして、レーザー管の中に位相の揃った光がある程度たまっていくようにすることが、それと同じ位相の光を誘導発光によって継続的につくってレーザー光線として送り出すためには必要です。

レーザー管の両端に向かい合って固定されている鏡の間の距離を変えると自己組織がおきる空間（レーザーアトムの居場所）が変わり、それによってレーザー光線の状態が変わることが指摘されています。自己組織がおきる空間を限定することによって、自己組織のおき方を限定することを、自己組織の拘束条件と呼んでいます。一般にどんな秩序が自己組織されるかは、拘束条件によって変わります。

スレービング原理

位相が異なった光のグループがレーザー管の中に幾つか生まれて、互いにレーザーアトムの呼び込み競争をすることになりますが、一つのグループに光を送り込んだアトムが、その次にも同じグループに光を送るとは限りません。広い面積を占めたローカルグループほど多くのレーザーアトムを呼び込めることになるので、急速に勢力を増していきます。そのために必要なことは、なるべく他のグループとぶつからずに勢力を伸ばすということです。急いで勢力を拡大しようとして他のグループとぶつかり、アトムの取り合いをしていると、互いの勢力が広がらないので、光を送り出すアトムが次々と送り出されてくる状況の中では消えてしまうことになります。このため、急速に勢力を増そうとするグループが互いにぶつかってつぶし合いをして地ならしをした後で、ゆっくりと広がっていくグループの光がレーザー管の中の世界を統一して、レーザー光線となるのです。このようにして、いったん一定のレーザー光線（秩序パラメータ）が自己組織的に決まると、その後のアトムの活きはそれに支配されていくことになります。このことをハーケンは、秩序パラメータへの「スレービング」（隷属化）と呼びました。スレービング原理とは、自己組織された秩序パラメータに要素の活きがスレーブする（従属する）ことです（秩序パラメータによる支配とか、隷属化という言葉が差別的であると感じる人びとが多いという気がして、私もハーケン教授に直接そのことを話したのですが、すでに制御工学で使われている専門語をそのまま使っただけだということでした）。

日本の戦国乱世を統一しようとした織田信長は、それだけ多くの敵とぶつからなければならなかったので、結局途中で挫折し、信長の事業を受け継いで統一しようとした豊臣秀吉も、足下には多様なグループが存在してなお不安定でしたので完全には統一しきれず、秀吉の死後に勢力を拡げてきた徳川家康によって実質的な統一がなされたことも、これと関係があるかも知れません。自己組織的とは言えないかもしれませんが、天下を統一した徳川幕府が秩序パラメータに相当すると思われます。

この説明は、服装や髪型の流行を頭において考えると分かりやすいでしょう。流行に関係なく、自分の服装や髪型を決めるのが自発モードであり、自分を流行に合わせるのが誘導モードです。人びとが自発モードだけで動いていると、社会における服装や髪型がばらばらな「無秩序」状態になります。また人びとが誘導モードで互いに合せるようになると社会の服装や髪型が揃って「秩序」（流行）が生まれます。現実には、社会では自発モードと誘導モードが混じっておきていますが、何らかの理由によって誘導モードで型を表出する人びとの数が増加してくると、社会における型の表出が揃って目立ってきます。その状態は、服装で言えば、流行する可能性がある服装の型が幾つか目につくようになってくることに相当します。それぞれの型は、社会の人びとにその型を選んで表出するように誘導します。そこでそれらの形の間で誘導競争が生まれて、型のつぶし合いがおきます。そのつぶし合いを避けるようにして、はじめは小さく目立たないようにゆっくりと市場に出ていく型が、結局は流行の型（秩序パラメータ）になって多くの人びとを獲得していくのです。

以下では、要素の活きの型を誘導する活きをもっている空間のことを、場所的空間（居場所）と呼ぶことにします。たとえば、レーザー、家庭、会社、社会、市場、地球などの場所的空間では、集まっている要素とその空間の関係を、次のようにモデル化して考えることができます。その要素の活きと空間の活きを、二つに分離できる集合体のことを線形系、要素が誘導の活きを受けるために二つに分離できない（非分離の）集合体のことを非線形系と呼びます。この自己組織という現象は、非線形系でしかおきません。ハーケンのスレービング原理は、非線形系における自己組織に対して一般的に成り立つ法則です。

二種類の自己組織

一口に秩序の自己組織的生成と言っても、二つの異なる分野があり、分野によって内容が大きく異なります。遺伝的に与えられた認識の機能によって、人間は世界を明在的に意識できる外在的世界と、暗在的にしか意識できない内在的世界とに分けて捉え、その後でそれら二つの世界を、たとえば鍵と鍵穴が互いに合致するように相互整合的に合致するように統合します。

科学の分野で使われるそのような理論（二領域理論）については、私自身が考えてきましたが、哲学の領域でこのことに注目した人としては、西田幾多郎を挙げることができます。人間に暗在的にしか意識できない内在的世界が実在しているのは、そこに自己の活きから切り離すことができない――主客分離できない――活きが存在しているからです。たとえば自己が存在している場所がそうです（その場所に〈いのち〉が存在しているときに、本書ではそれを〈いのち〉の居場所とか、たんに居場所と呼んできました)。自己が自己の〈いのち〉を直接的に認識しようとして追いかけることは、子犬が自分のしっぽを追いかけてぐるぐると走り回るような状態になるために、結局は捉えることができません。しかし、その自己の〈いのち〉を居場所に与贈すると事情が変わります。それは、その与贈に対しておきる居場所の反応、すなわち〈いのち〉の与贈循環がおきるためですが、その居場所から自己へ与贈される居場所の〈いのち〉に、内在的世界の活きが存在しているからです。私はその活きを様々な場合について考察した結果、「〈いのち〉の居場所では、そこに存在している幾つかの生きものから与贈された〈いのち〉が、類と種を超えて自己組織されて、居場所の〈いのち〉が生成されている」と結論しました。このことは地球の上で生きていく人間の未来にとって非常に重要な事実であると思いますので、本書ではそれを詳しく説明していきます。

私は、その〈いのち〉の自己組織は、ハーケンの理論のように複雑系の科学で研究されてきた散逸構造の自己組織とはタイプの異なる未知の自己組織であると結論しました。その違いを理解するために、少し回り道になりますが、まずフェルミ粒子とボーズ粒子について説明をしておく必要があります。以下は、多くの生きものが生活している温度での話です。

素粒子には様々な種類がありますが、そのスピンがたとえば1/2、3/2……のような非整数であるか、それとも1、2……のような整数であるかにしたがって、フェルミ粒子とボーズ粒子とに大別することができます。スピンとは、素人向けの分かりやすい表現をすれば、素粒子の自転の状態を表す数です。さらに摑みやすいイメージとしては、フェルミ粒子は自転をしている地球のように、磁石としてS極とN極をもっています。一方、ボーズ粒子は、その内部で偶数個の磁石のS極とN極が互い違いに配列しているために、外には磁石としての性質を全く現しません。

ボーズ粒子は磁石としての性質をもっていないために、互いの間に反発する力が活かず、最も安定した状態に群れ合って集まる性質をもっています。そのようにボーズ粒子が群れ合って集まる現象を、「ボーズ・アインシュタインの凝縮」と呼びます。これに対して、フェルミ粒子は磁石としての反発力が互いの間に活くために、同じ状態に群れ合うことができません。もっとも、一個のフェルミ粒子は、もう一個のフェルミ粒子と互いのS極とN極を逆平行にした状態でペアをつくることができます。しかし、それ以上つながりを広げようとすることには反発をします。それは、まるでおしどりのように仲のよい新婚夫婦が互いに相手を独占しようとして、それ以外の人が近くにいるのを嫌う状態にたとえられるでしょう。このように、フェルミ粒子の本質的な性質として、互いに異なる状態をとる非同一性（non-identity）という性質があります。ペアをつくっている二個のフェルミ粒子の場合も、S極とN極の方向が互いに逆になっているために、互いの状態は異なっています。

フェルミ粒子は、このように同じ状態になることが、粒子そのものの性質としてできないことから、存在している空間や時間をそれぞれ広げて互いに異なる位置に存在しようとするために、宇宙空間を広げて進化させます。もしも宇宙にボーズ粒子しか存在していなければ、現在のような宇宙空間は生まれなかったでしょう。よく知られているフェルミ粒子としては電子があります。共有結合という化学結合がスピンの方向を逆にした二個の電子によってつくられることは、よく知られています。もしも電子に非同一性という性質がなければ、タンパク質もＤＮＡもできないことになりますから、この宇宙に生命は存在しないことになるでしょう。

興味深いことに、自己を支える〈いのち〉が自己組織的な活きをするときにも、これから説明していくように、ボーズ粒子のような性質を示す場合と、フェルミ粒子のような性質を示す場合とがあることが分かってきました。これまでは指摘されていませんが、自己の意識が外在的世界にあるときには、その〈いのち〉にボーズ粒子としての活きが現れ、内在的世界にあるときにはフェルミ粒子としての活きが現れるのです。そしてそのことが、現象の世界における自己組織と、存在の世界における自己組織とを本質的に異なるものにしているのです。またこのことは、社会や地球における人間や様々な生きものの間でおきるできごとを理解する上で極めて重要になるのではないかと、私は思っています。たとえば地球の上で様々な国家が共に生きていくことができる秩序をつくるためには、「国家」という生きものの〈いのち〉をボーズ粒子と考えるべきか、それともフェルミ粒子と考えるべきか。また企業の従業員はボーズ粒子として活いているのか、フェルミ粒子として活いているのかというような問題が、その例になります。

現象と存在の自己組織

これまで、物理学的に研究された散逸構造の自己組織の理論、一般的に言えば複雑系の理論を生命現象に活用して、生きものが生きている状態を理解しようとする研究が世界的におこなわれ、私自身もその一端を担ってきました（清水博『生命を捉えなおす――生きている状態とは何か』一九七八年、増補版一九九〇年）。しかし、それだけで生きものの世界に深く踏み込むことには、やはり論理的な限界があったのです。

その理由は、複雑系の理論は現象の理論であり、存在の理論ではないために、私の「即興劇理論」（清水博『〈いのち〉の普遍学』二〇一三年）を例外として、〈いのち〉の活きをフェルミ粒子の自己組織的な性質に結びつけて考えることがなかったからです。そして私も、〈いのち〉に二種類の自己組織的活動があることを深く自覚できていたわけではありませんでした。

複雑系の科学が研究してきたのが外在的世界でおきる現象の自己組織的生成であるのに対して、本書でこれから明らかにしようとしている〈いのち〉の自己組織は、内在的世界における〈いのち〉の――つまり居場所の〈いのち〉の――自己組織的生成です。それはまた同時に、居場所における生きものの存在の自己組織的生成でもあります。イメージしやすい言い方をすれば、地球に地球の〈いのち〉が自己組織的に生成されて、大きな生命体として地球が生きていくからこそ、多様な生きものが共に地球に存在して生きていくことができるのです。この生きものの地球における共存在の原理は、これから多様な国家が共に地球に存在していくために、絶対に踏まえなければならないのではないでしょうか。

現象の自己組織の例としては、すでに説明したレーザー光線の自己組織があります。ご存知の通り、光の実態は電磁波という波であるとともに、光子というボーズ粒子です。光子が群れ合って集まることができる安定な状態が、レーザーのなかに生まれると、その状態へ向かって「ボーズ・アインシュタインの凝縮」がおきて「位相の揃った光の波」が生まれるのが、レーザー光線の自己組織的生成です。歌のリズムに合わせて観客が立ち上って一緒に両手を振り腰を振って踊るのも、ボーズ粒子としての〈いのち〉の「ボーズ・アインシュタインの凝縮」のようなものです。

一方、〈いのち〉の自己組織は、「フェルミ粒子」が集まって生成する秩序ですから、その自己組織が進行していくと、フェルミ粒子としての非同一性のために、〈いのち〉の存在の多様性がますます明瞭になってきます。分かりやすく言うと、居場所の〈いのち〉が居場所において自己組織されると同時に、フェルミ粒子としての非同一性にしたがって、生きもののそれぞれの〈いのち〉の活きに多様性がはっきりと生まれてくることになります。そして居場所の〈いのち〉の活きと、生きものの〈いのち〉の多様な活きとが、〈いのち〉の与贈循環（『コペルニクスの鏡』、『〈いのち〉の普遍学』）によって循環的に進行していく「〈いのち〉のドラマ」が生まれます。フェルミ粒子としての〈いのち〉が互いに非同一的にならなければならないという拘束条件の下で、〈いのち〉の存在に循環的な変化がおきることから、空間的に広がり、時間的に未来に向かって進んでいく「〈いのち〉のドラマ」が持続的に展開していくことになります。それは自己組織される居場所の〈いのち〉を「舞台」とし、生きものの〈いのち〉を非同一的な「役者」とする即興的な「ドラマ」です。

〈いのち〉のドラマは、絶えず自己組織的にシナリオを生成しながら進む「〈いのち〉の即興劇」です。そして、自己組織的に生まれるシナリオ――〈いのち〉のシナリオ――がそのドラマを支配していくという形でスレービング原理が成り立っていると考えることができるでしょう。実際、〈いのち〉の自己組織は、生きものとしての「存在の自己組織」であり、科学でこれまで対象として研究されてきた「現象の自己組織」とは本質的に異なっています。このことは、次のように考えれば理解できます。存在とは、ただそこにたまたまあるということとは異なって、人間の身体を構築する細胞のように、その活きを位置づけられて――存在することの意味を与えられて――〈いのち〉の居場所にあるということです。言い換えると、居場所の〈いのち〉を自己組織していく〈いのち〉のシナリオに役割を与えられ、居場所の〈いのち〉と個体の〈いのち〉という「〈いのち〉の二重性」（二重生命）を維持する形でその居場所にある、ということです。

現象の自己組織が「ある空間において生きている状態の自己組織」に相当するのに対して、存在の自己組織は、「ある〈いのち〉の居場所において、共創的に生きていくドラマの自己組織」に相当しています。前者の空間には〈いのち〉が存在していないのに対して、後者の居場所には新しい〈いのち〉が継続して自己組織的に生成されて、その居場所に存在する生きものとの間で〈いのち〉の与贈循環が続けられて時間を生み出しています。この〈いのち〉の与贈循環を通して、生きものは、居場所からその存在に意味を与えられていくのです。

居場所の〈いのち〉が、場所という実体をもつ場所的な〈いのち〉として自己組織されるということは、その〈いのち〉が、自己組織に関わっている生きものの〈いのち〉のたんなる総和（全部）ではなく、居場所全体として、生きものとしての主体性をもって実在していることを意味します。

生きものの誕生と死は、このように展開していく〈いのち〉の居場所という「舞台」においておきるできごとです。生きものの〈いのち〉という多様な「役者」がまずあって、その組み合わせによって居場所としての地球という舞台が生まれるという「主語的な論理」――「多から一へ」という論理――は誤りであり、歴史的に続いてきた居場所としての地球という「舞台」がまずあって、そこに「役者」としての多様な生きものの〈いのち〉が現れては消えていくという「述語的な論理」――「一から多へ」という論理――が正しいのです。レーザーのような外在的世界の自己組織には主語的論理が当てはまりますが、内在的世界に生まれる〈いのち〉のドラマの自己組織は、述語的な論理でなければ表現できません。

あの東日本大震災による壊滅的な被害からの復興とは、現象の復興でしょうか、それとも存在の復興でしょうか。もしも前者であれば、復興は主語的論理で進むことになり、ボーズ粒子の自己組織の型すなわち「多から一へ」のイベント型になります。したがって個人を支援していけば復興が進むことになります。しかし、もしも後者であれば、復興は述語的な論理で進むことになるために、たとえ小さな居場所でも、まず居場所の〈いのち〉を復興させることが必要になります。つまり、フェルミ粒子の自己組織型すなわち「一から多へ」のドラマ型になります。復興していく地域を舞台にする「復興という〈いのち〉のドラマ」をつくり、人びとをそのドラマの二人とない役者にすることが必要になります。現象なのか、存在なのかという問題は、過疎化した地域の復興にも当てはまります。

居場所の〈いのち〉の自己組織

〈いのち〉の自己組織の特徴とその意義について説明してきましたが、いよいよその自己組織そのものを具体的に考えていくことにしましょう。これまでの話から分かるように、自己組織には二種類のものがあります。第一のものは、散逸構造の自己組織と呼ばれるものです。たとえば人間を要素と考えて、選挙のときにどうすれば上手く情報をコントロールして自分に有利な世論を自己組織的につくっていくかを、ハーケンの自己組織論（スレービング原理）によって考えることもできるでしょう。また、すでに説明したように、観客が一斉に立ち上がり、イベントで歌う歌手の動きにリズムを合わせて両手や腰を振ることも自己組織現象です。あるいは、熱心に話しながら互いに頷き合ったり、言葉に合わせた身振りをしたりすることも、そうです。このように多くの人びとの感情や身体の表現が自己組織的に揃う場面を、私たちは見たり聞いたりして知っています。

このような自己組織現象によって人びとの間に共感がおきて連帯感が生まれますが、しかし互いの間につながりができているように思っていても、そのようなつながりはほとんどがその場だけの一時的なものであり、選挙が終わったり、イベントが終わったりすれば消えてしまいます。社会的な流行に対する人びとの反応にも、同じ特徴が見られます。これらの自己組織現象は、いずれの場合も、「多から一へ」という外在的世界に観測できる形で明在的な秩序「一」が生成されるのが、その特徴です。

「多から一へ」の自己組織では、なぜ連帯感が持続しないのでしょうか。その原因を考えてみると、それは散逸構造「一」(自己組織的に生まれる秩序のある構造)を生み出す多くの要素「多」の活きがもともと受動的で、〈いのち〉のように能動的でないために、外から与えられる誘導や、たまたま生まれた秩序パラメータによる「支配」がなくなれば、要素の活きの間のつながりも消えてしまうからです。また散逸構造の自己組織は、要素の活きが受動的であるために外から制御されやすいという性質をもっています。余談ですが、IT技術が非常に発達している現在のような社会では、世論の形成に対する政治やマスコミの影響を、こうした散逸構造の自己組織的生成とその消滅という観点から研究をしていく必要があると思います。

上記とは別の種類の自己組織が、本書ではじめて考えていく「〈いのち〉の自己組織」です。その特徴は、「一から多へ」という活きにともなって居場所の内在的世界でおきる点にあります。しかしこの特徴のゆえに、〈いのち〉の自己組織は観測できない暗在的な活きであるために、これまでほとんど科学者に気づかれることがなかったのです。

「一から多へ」という形で変化が進行するためには、まず最初に「一」に相当するもの——居場所の〈いのち〉——が存在していなければなりません。具体的な例で説明することにしますと、人間のような多細胞生物では、その「一」に相当するのが受精卵の〈いのち〉ということになります。そしてその〈いのち〉が存在している空間に細胞の〈いのち〉が生まれて、次第にその数を多くしていき、生きものとしての形と機能が自己組織的につくられていきます。また、結婚生活は、家庭という居場所の〈いのち〉＝「一」をつくること（結婚式）から出発して、そこに家族の〈いのち〉「多」をつくりながら「一」を大きく、発展させていくことですから、男女がただ友人として付き合っている「多から一へ」の状態とは活きが全く異なっています。

受精卵でおきる変化は複雑ですが、簡単に言えば、その内部に、それぞれ〈いのち〉をもった多くの細胞が生まれ、それと共に受精卵も大きくなり、またその形も変化をして、生きもの固有の形になっていくという過程をたどります。各細胞には細胞の〈いのち〉がそれぞれ活いていますので、それを仮に「多」と呼ぶことにしましょう。生きものには、これ以外にも、最初の受精卵の〈いのち〉が存在し、それが生きものの個体の〈いのち〉、つまり生きもの全体の〈いのち〉になるのです。これを仮に「一」と呼ぶことにします。このように生きものは、「一」に「多」が包まれるという〈いのち〉の二重構造（二重生命）をもっています。しかしそれだけではなく、その「一」が細胞たちの内側から活いて、「多」としての多様な活きに同一の方向性を与えます。これと同様なことが、家庭の〈いのち〉という「一」と家族それぞれの〈いのち〉＝「多」との関係についても言えます。いわば、池田善昭がいうところの「包まれつつ包む」というモナドの形が生まれるのです。

この〈いのち〉の二重構造（二重生命）の重要な問題は、〝なぜ「一」が多くの生きものの〈いのち〉＝「多」を包むばかりでなく、生きものの内側から活きかけて、「多」の活きに同一の方向性を与えることができるのか〟という謎を解くことです。これは、多細胞生物の形態形成の謎でもあります。そして、その謎に答えを与えるものが、〝〈いのち〉の居場所における〈いのち〉の自己組織〟なのです。

すでに説明したように、「多から一へ」の自己組織、つまり散逸構造の自己組織は外在的世界において明在的におきますが、「一から多へ」の自己組織、すなわち〈いのち〉の自己組織は、内在的世界において暗在的に進みます。

〈いのち〉の自己組織がおきるために必要なことは、まず居場所という「一」の〈いのち〉をもつ世界に自己が存在し、そしてその自己の〈いのち〉をその居場所に与贈することです。すると、自己以外の（多くの）存在者からも居場所へ与贈された〈いのち〉＝「多」が、その居場所において〈いのち〉の自己組織によって統合されて、居場所の〈いのち〉＝「一」が生成されます。そしてその〈いのち〉＝「一」が秩序パラメータとなって、自己を含めた存在者の〈いのち〉＝「多」を「支配」する（スレーブする）のですが、この「一による支配」が、具体的には多くの生きものの〈いのち〉の活きに（内在的世界から）同一の「〈いのち〉のシナリオ」が活きかけてくるという形でおきるのです。つまり、モナドの予定調和の形はスレービングによって生まれてくるのです。しかし同じ「〈いのち〉のシナリオ」を受け取っても、そのフェルミ粒子としての〈いのち〉の具体的な表現は、生きものの居場所におけるそれぞれの位置にしたがって異なります。

統合体と集合体

〈いのち〉の自己組織をもっと深く理解するためには、まず〈いのち〉の与贈によって何がおきるかを理解することが必要です。なるべく、具体的に考えていくことにしましょう。ここからは、「一から多へ」という〈いのち〉の自己組織によって生まれ、そして維持されていく大きな生きものを、「〈いのち〉の統合体」または単に「統合体」と呼ぶことにします。統合体の特徴は、統合されている小さな生きものの〈いのち〉＝「多」の他に、統合体としての全体の〈いのち〉＝「一」をもっているという点にあります。これに対して「多から一へ」という散逸構造の自己組織では、多くの生きものの〈いのち〉＝「多」があって、その活きが一時的に同調することによって秩序が生まれているわけですから、統合体のように全体の〈いのち〉＝「一」が持続的に存在しているわけではありません。それでこれを仮に「集合体」と呼ぶことにしましょう（用語に関連してつけ加えておきますと、〝持続可能性とは、地球を統合体とした「一から多へ」の活きを持続させること〟なのです）。

こういう言い方もできます。統合体の場合は、まず生きものがそれぞれ自分自身への執心を捨てて、自己の〈いのち〉を居場所に与贈します。そして与贈された多くの〈いのち〉が自己組織的に統合されて、居場所の〈いのち〉が生まれてきます。そこで、その居場所の〈いのち〉は、「公共のもの」として生きものに共有されることになります。そうすると、居場所の〈いのち〉を通じて、生きものの〈いのち〉が互いにつながり、相互信頼と相互受容が生まれますから、互いに安んじてその居場所にフェルミ粒子としての自分自身の気持ちや存在を表現することができます。これに対して集合体の場合には、それぞれが自分関心にこだわって自己の〈いのち〉を与贈しないために、互いの〈いのち〉の間につながりは生まれません。そこでは相互信頼と相互受容がないため、自分を開いて自分自身を表現することができません。そして自己防御の必要性から自己の姿を隠そうとするために、プライバシーが大切になります。その結果として、外から与えられるルールに同じようにしたがうために、ボーズ粒子のように主体性のない群れ合い状態が現れるのです。

統合体と集合体の差を理解するための例として、本田宗一郎のホンダや、井深大のソニーを考えてみましょう。このような伝説的な日本の経営者には、自分がもっている技術的な力によって多くの人びとの暮らしを助けようという強い志があり、そして自分の志を実現できない企業となるようなら存在しなくてもよいというまでの決意をもって企業をつくった人びとであろうと、私は思っています。創業者の志がその決意と出合ったときに、企業の出発点に「一」としての〈いのち〉が生まれたはずです。これは、結婚に際して男女が自分たちの家庭に対して誓うことと似ています（企業や家庭の夢は、居場所に自己組織される「一」としての居場所の〈いのち〉の拘束条件に相当します。卵モデルの器は白身の自己組織の拘束条件です）。

そのように統合体として出発した企業が、新しい世代の経営者に次々と受け継がれて、次第にその経済的規模が大きくなっていく過程において、新しい時代に相応しい「一」の活きを絶えず創出していく「形態形成」が必要です。それを怠ると、いつの間にか、収益を少しでも多く上げて株主の期待に応えること、すなわち〈いのち〉の自己組織に関係なく設定される外在的世界の目標が事業の目的に変わってしまいます。そしてそれにともなって、「一から多へ」の統合体から「多から一へ」の集合体へと、言い換えると「生きもの」から「機械」へと、企業体の性格が変質してしまうのです。それに応じて、従業員も、創業者の〈いのち〉を内側から受けて活動する能動的な「生きもの」からマネーのために動く受動的な「部品」へと変わるため、モチベーションが低下して、企業に危機が生まれることになります。もしもこれと同様に、家庭が統合体から集合体に変われば、夫婦がそれ以上結婚生活を継続していく意味が無くなってしまいます。

このように〈いのち〉の自己組織では、「二」としての能動的な活きとしての〈いのち〉が存在している場所、すなわち〈いのち〉の居場所が存在していることがまず必要です。そしてさらに、この居場所の〈いのち〉＝「二」が持続的に新しく生み出されていく活き――居場所の〈いのち〉の自己組織――が必要になります。その活きをするものは、居場所に存在している生きものたち（人びと）の〈いのち〉です。そのために必要なのは、高いモチベーションです。

与贈の有無で決まる統合体と集合体

〈いのち〉の自己組織がおきるために必要なことは、それぞれが自己の〈いのち〉を自己のためだけに使うのでなく、居場所に与贈する（与え贈る）ことです。つまり、自己の〈いのち〉を直接自己のために使うことを保留して、居場所に存在するすべての生きもののために差別なく使うことから始めてみるのです。自己の名をつけず〈いのち〉を居場所へ贈る与贈には、「～してやったのに」という感情や怨念は残らず、与贈する行為そのものに喜びが生まれる（厳密には与えられる）のです。これは後で詳しく説明しますが、生きものが居場所に〈いのち〉を与贈しても、生きものの〈いのち〉はなくなりません。それは〈いのち〉の与贈循環という活きによって、新しい〈いのち〉が生きものの内部に生まれてくるからです。実際、私たちの身体では、私たちが気づかない間に非常に多数の細胞の〈いのち〉がなくなり、また非常に多数の細胞の〈いのち〉が生まれています。

様々な生きものからそれぞれの〈いのち〉が与贈された後に、その居場所におきる居場所の〈いのち〉の自己組織は、すでに説明してきたように、意識を離れた内在的世界におきる暗在的な変化――いわゆる「自然法爾」の変化――ですから、イベントの会場でおきるような身心のリズムが互いに引き込んで共振するといった明在的な変化は現れません。しかし居場所から自己の内部に暗在的に与えられる〈いのち〉の与贈によってはじめて、居場所に新しく自己組織的に生まれた能動的な活き――自己の個別的な〈いのち〉とは異なる、居場所の〈いのち〉という「他力」としての活き――の存在を、自己は内在的世界において知ることになります。この自己から居場所への〈いのち〉の与贈→居場所における〈いのち〉の自己組織→居場所から自己への居場所の〈いのち〉の与贈、という〈いのち〉の与贈循環の各段階は、〈いのち〉の能動性のためにすべて能動的に進みます。このことによって、生きものは互いにつながりながら主体的かつ能動的に生きていくことができるのです。

散逸構造の自己組織は、「多から一へ」という形で――レーザーの場合には、ボーズ粒子である光子が、ボーズ・アインシュタインの凝縮によって同じ状態に集まるという形で――おきます。一方〈いのち〉の自己組織では、最初に居場所の〈いのち〉＝「一」が存在し、その〈いのち〉が、居場所に存在している生きものに内側（内在的世界）から〈いのち〉のシナリオの形で活きかけてきますが、その活きを受ける生きものの〈いのち〉にはフェルミ粒子としての非同一性があり、それが常に互いに異なる状態をとるように活いて「多」をつくり出していくために「一から多へ」という形が生まれるのです。

居場所に存在する多くの生きものは、このように「一」からその内側に（逆対応的に）与贈される活きである〈いのち〉のシナリオにしたがって、それぞれが互いに異なる形で居場所に〈いのち〉を与贈します。それは、役者としての多くの生きもの＝「多」が〈いのち〉の舞台としての居場所において多様な表現をしているということでもあります。そして、与贈された生きものの〈いのち〉が、居場所において自己組織的に一つに統合されて居場所の〈いのち〉＝「一」となり、それがまた生きものに内側から活きかけて、その先のシナリオを与えるのです。このように、〈いのち〉の与贈循環によって自己組織的に〈いのち〉のシナリオをつくりながら進むのが、〈いのち〉のドラマです。「一から多へ」とは、最初に舞台があり、そこに登場する「役者」たちの内側からその舞台が活きかけて一つの〈いのち〉のシナリオを与えるために、〈いのち〉のドラマが生み出されていくということです。したがって、〈いのち〉のシナリオの活きは、生きものたちが生きていくための「道」を照らしていくと言えます。

「一から多へ」の統合体は、このように、「〈いのち〉のドラマ」をつくり出すことができます。簡単にいえば、多数の生きものが居場所において一緒に生きていくことができます。しかし「多から一へ」の集合体には、共通の舞台となる「一」がありませんから〈いのち〉のシナリオが生まれず、当然〈いのち〉のドラマも生まれませんから、生きものは、ただ一緒に生きているだけです。前者は共存在、後者は共生に相当します。これは存在と現象の差です。

集合体としての職場から生まれるもの

「多から一へ」という集合体の形は、人間が多くの部品を集めて道具としての一つの機械やシステムをつくる形です。したがって、もしも職場が集合体であれば、その職場で働く人びとは、上から割り当てられた仕事を機械の部品のようにこなしていくだけになります。互いに信じ合う基盤ができていないために、互いの間にコミュニケーションがなく、冷たい職場が生まれます。このように人間相互の不信感のために互いの〈いのち〉がつながらないことが、集合体の一番の問題です。「一」がないので、職場に問題が発生したときに、一緒に知恵を合わせて解決していくことができません。身体の免疫に相当する自己修復の能力が低いために、そのような職場では絶えず問題が起きてくるのです。また何か問題が生まれると、機械の部品が一つ故障したときのように、職場全体がストップしてしまいます。

このような職場に比べて、統合体としての職場で働くことができる人びとは幸せです。〈いのち〉の与贈循環によって互いの〈いのち〉がつながるために、人間的な信頼感が互いの間にあるからです。人間として生まれて人間を信頼できないことほど不幸なことはなく、また人間を信じられることほど幸せなことはありません。統合体の職場では、互いを信じ合っているために〈いのち〉がつながっていることから、問題が生まれても互いの知恵を合わせて解決していくことができるので、人びとに自己の能力に対する自信が生まれて、職場の能力が向上していきます。また、人間としての道を歩いているという誇りをもつこともできます。

最近の資本主義経済の市場のあり方が「多から一へ」の形になったことで大きな問題が生まれ、日本でも、たとえば毎年のように巨額の借金（財政赤字）が増えていきます。このままの状態がいつまでも続くことはできないことから、やがて大きな破局にぶつかるであろうと、誰もが予感するところです。私が絶望的に感じるのは、近年の先進諸国における経済や政治の根底には、自己中心的な見方から生まれる人間存在に対する不信感が強く存在していることです。経済は、この人間不信を情報技術によってさらに進めるような形で発展して、見かけの好況をもたらしています。そしてそれを政治が支えていくかのように見えます。存在意義を与えられないことに、社会に対して深刻な不信感を懐く若者が多数ＩＳ（Islamic State）へ参加して行くのも、そのように増大していく人間不信の否定的な表現になっていると言えるかも知れません。繰り返すならば、「一から多へ」の根底には人間への信頼感があり、「多から一へ」の根底には人間への不信感があるのです。

能力のある人が職場で連日のように過酷な仕事を押しつけられ、身体を壊して働くことができなくなり、もう再び元の状態に戻れなくなってしまうということが、日常的におきています。過酷な仕事がその原因になっていることを考えると、それはダブルバインド（二重拘束）によって生まれる統合失調症とは現象としても全く異なっていると思われます。決めつけることはできませんが、それは自己の存在を持続しようとする能動的な活きである〈いのち〉そのものに関係した病気ではないかと思います。人間の身体から居場所＝「一」としての内在的な活きが損なわれ、細胞＝「多」の〈いのち〉を統合していく自己組織力が低下してしまうために、〈いのち〉の自己組織によって生まれる身心の活きの調和的な関係が崩れて能動的に活かなくなってくる現象ではないでしょうか。身体という「細胞たちの職場」が、統合体から集合体に変わってしまった状態と言えば分かりやすいでしょうか。

もしも、身体という居場所の〈いのち〉、個体としての存在を持続しようとする能動的な活きが生まれなくなってしまえば、人間は生きものとして生きていくことはできません。その〈いのち〉の生成が持続的に続くためには、〈いのち〉のドラマによって〈いのち〉のシナリオが生まれて、〈いのち〉の与贈循環が続いていくことが必要です。したがって、人間はどんなにかすかな可能性の隙間にでも、もしも他に選択肢がなければ、最後の希望を見つけようとします。人間の不信感という冷たい壁に囲まれ、そして過酷な仕事を与えられて、その隙間に希望を見つける時間的な余裕もなければ、生きものとして生きていくために必要な個体としての〈いのち〉が身体で自己組織的に生まれなくなりますから、死ぬ以外の選択肢はなくなります。そしてその前兆として身心が壊れると考えられるのです。それは「〈いのち〉のアレルギー」として、継続的に身体に記憶されていくために、〈いのち〉の与贈循環による適切な治療を必要とすると思われます。

一つの例として、絶えず問題をおこしていて上手く動かない部署がある企業の中にあったとしましょう。その部署は当然、「効率が悪い」と上から睨まれます。しかし、その部署で働いている人びとが怠けているわけではありません。むしろその逆に、毎夜十一時まで働き続けなければ帰宅できず、身体を壊して休職したり退職したりする人びとが続いています。もしもあなたがリーダーとして、その部署の状態を改善して作業能率を上げる責任を与えられたとしましょう。あなたは何をすべきでしょうか。まず、あなたがその職場へ行けば、心の荒んだ部下からいろいろ不信感をぶつけられるでしょう。それらの言葉から、やがてあなたは、その部署が自己組織の力ではなく、組織の力で上からまとめられている「多から一へ」の集合体であり、そこではそれぞれが与えられた仕事をまるで機械の部品のように機械的にこなしているだけであって、横のコーディネーションが全く欠けていることを知るでしょう。だから、それぞれが他の人の仕事を知らないし、また知ろうとする関心もないので、一人の作業に何か問題がおきても、それを皆が協力して解決していく能力がこの部署にはありません。そのために、絶えず問題がおきて部署全体の能率を著しく下げていることを見抜くでしょう。

そこであなたは、「多から一へ」の機械的な職場を、「一から多へ」の統合体の形に変えなければ自分の責任を果たせないと考えて、それが部署のリーダーとしての自分の仕事であると思うでしょう。そのために、まず部署のメンバーに共通の目的を与えることで、「一から多へ」の「一」をつくろうとするでしょう。その目的が誰もの希望にならなければ、「一」とはなりません。またそれが具体的で分かりやすいものでなければ、そっぽを向かれます。そこであなたは、「みな七時には退勤できるようにしよう」と提案します。そのためには、問題がおきたときに皆で協力して解決することが必要であると説くでしょう。そして、互いが他の人の仕事を知ることで関心が生まれるようにし、職場におけるミーティングを開いて、それぞれの働きを職場に位置づけるようにするでしょう。また、力の足りない人の仕事は自分が率先して手伝って職場が一つとなって動くようにし、夜遅くても時々一緒に飲んで、互いの人間的な信頼感を上げるように努めようとするでしょう。そして遂に、皆が七時に帰ることができる職場が実現したときに、あなたは何をするでしょうか。皆を七時に帰宅させた後で、あなたは一人街へ出て静かに祝杯を挙げる。そうです、心への祝杯は一人静かに挙げるものです。このような物語をテレビのドラマで放映すれば、感動を誘うでしょう。これは実際にあったことで、リーダーとして働いた若い女性から私が直接聞いた体験談です。

でも、話はここで終わっていません。あなたはこの先にどのようなことがあったと想像するでしょうか。その結末は、予想を裏切るものでした。彼女は、部署の状態の改善に成功したにもかかわらず、上司の人間不信の減点法から生まれる「多から一へ」という大きな壁を、ふたたび押しつけられ、その方針に合わないことを厳しく咎められて、「一から多へ」と「多から一へ」という原理的につなぐことのできない二つの世界のギャップに苦しみ、また助けを求めても、その徹底した人間不信のために理解を得られず、ついには身体を壊して職場を辞めなければならなくなりました。しかし、彼女が職場を去るときには、残った部下が、「私の助けが足りなくて申し訳ありませんでした」と涙で送ってくれました。また、彼女の後にリーダーになった人びとが短期間のうちに次々と辞めて、結局、その部署そのものが消えてしまいました。この虚無という何も残らない空しさ、これが人間への不信が生み出していく本当の結末です。

これは、誰もが名を知っている大きな企業の職場で実際におきたことです。その企業の経営者が、現象の時代から存在の時代へという文明の転回の哲学的な意味とその原理に考えが及ばず、企業の意味を、目先の利を少しでも多く自分のために獲得する機械としてしか理解できないために、その足跡に虚無のやりきれなさだけが広がっていくのだと思います。

二種類の場

場は自己組織的に生成する〈いのち〉の秩序ですから、〈いのち〉がボーズ粒子として活いて自己組織された場であるか、それともフェルミ粒子として活いて自己組織された場であるかによって、異なる活きをするはずです。普通、会議場やお祭りなどの人の集まりで意識される場は、外在的世界に生まれる外在的な場です。これは私が「イベントの場」とも呼んでいるもので、「共感の場」と名付けてもよいものです。この種の場は、ボーズ粒子としての〈いのち〉の活きによって生成されます。そして具体的には、身体の活きが自己組織的に同調して、人びとの間に共感的な感情が生まれることによって意識される場です。たとえばドラムセラピーのように、何人かの人びとが一つの部屋に集まってドラムを叩くことで、そのリズムが自己組織的に同調して生まれる場がそれです。それは外在的世界に生まれる場であるために、その存在を裏付ける自己組織現象を、映像や音声などのメディアに技術的に記録することができます。このような自己組織現象には、多くの人びとが集まることによって「多から一へ」という形で場がつくられ、「共に生きている」という状態がつくられるという特徴があります。そしてこの特徴が、自閉的な状態になっている心身の活動を治療する効果があると考えられています。「共に生きている場」と言ってもよいかも知れません。

この場は「自力の場」と言ってよいもので、場をつくっている人びとによって意識され、またコントロールされます。またそれだからこそ、原因と結果の間に広い意味での因果律的な関係性が存在するのです。したがって、どうすれば場ができるかというハウツーを説明することができます。野中郁次郎（野中郁次郎・紺野登『知識経営のすすめ――ナレッジマネジメントとその時代』一九九九年）がナレッジマネジメントに関係して場（知識の場）と呼んでいるのは、この共感レベルの場ではないかと思われます。

このような外在的な場とは異なるものとして、内在的世界に生まれるために暗在的にしか表現できない内在的な場があります。それは、互いに異なる生きもの（人びと）が自己が存在する居場所に与贈した〈いのち〉が、その居場所で自己組織的に居場所の〈いのち〉を生成することによって生まれる「共存在の場」です。その一例として、夫婦がつくる家庭に生まれる場を挙げられますが、そこからも分かるように、内在的な場をつくるためにはまず一つの居場所をつくる必要があり、次にその居場所に家族がそれぞれの〈いのち〉を与贈する必要があります。そのことによって、家庭の〈いのち〉が自己組織的に生成されていき、そして家庭から家族へ――「一から多へ」――という〈いのち〉の与贈循環によって、内在的な場が家庭に生まれ、そこで役割の異なる生きもの（家族）が「共に生きていく」という〈いのち〉のドラマが生まれるのです。このような場を、先に述べた「共に生きている場」と対比させて、「共に生きていく場」と呼んでみたいと思います。即興劇モデル（『〈いのち〉の普遍学』）によって表されるドラマの「舞台」としての場がそれに当たり、そこでは人びとが異なる役を演じる「役者」に相当する活きをしていくことが必要になるのです。この場合には、生きもの（家族）それぞれの主体性は活かされますから、〈いのち〉の多様性が居場所に表現されることになります。

　またこの居場所に生まれる共存在の場は、外在的な場とは異なって外からは観察できない「無形の形」で存在する暗在的な場であり、すでに説明したように、自己の〈いのち〉の与贈と〈いのち〉の自己組織によって生まれる〈いのち〉の与贈循環（『コペルニクスの鏡』）を通じて、はじめてその存在を自覚することができるものです（生きものは、自己の〈いのち〉を与贈することで、はじめてその存在を認識できます）。この内在的な場は、その存在を自覚できても自力によってコントロールできないために、ハウツーからは入っていけません。まず与贈し、次に居場所の活きに任せる他はないものですから、「他力の場」と名づけるのもよいのかも知れません。

　ユングの言う「共時性」は、外在的世界における因果律の上では直接的に関係のないできごとが――この内在的な場の活きによって――偶然の一致の形で出現する現象です（ユング、パウリ『自然現象と心の構造――非因果的連関の原理』河合隼雄・村上陽一郎訳、一九七六年）。しかし、その偶然の一致こそが意識できない形で内在的世界に存在している縁の世界を浮かび上がらせるようにして、人生のドラマを生み出していくのです。それ以外にも、内在的な場では、因果律を越えて、人間や生きものの創造的な活きが生まれます。また、柳生新陰流に見られるような、〈いのち〉をかけておこなう日本の武道の本質は「生きていくこと」（道）の発見であり、スポーツの「生きていること」（技）の発見とは本質的に異なっていると考えられます（『生命知としての場の論理』）。

　また重要なこととして、外在的世界の〈いのち〉には生しかありませんが、内在的世界の〈いのち〉には生と死とがあり、生きものたちが居場所としての地球において死を共有していることが、多様な生きものの地球における共存在を可能にしていると、私は考えています。その理由ですが、多様な生きものたちの共存在の場が地球にできるためには、地球をすべての生きものの〈いのち〉の居場所＝「一」として、「一から多へ」という〈いのち〉の与贈循環の法則が地球において成り立つ必要があります。そのためには、すべての生きものがその〈いのち〉を地球に与贈することが必要です。そして、その与贈が確実に実行される方法は、すべての生きものが死によって、その〈いのち〉を地球に与贈するということです。実際、どのような生きものの死も、その〈いのち〉を、個や種や類を離れて〈いのち〉の居場所としての地球に与贈することになっていることは否定できない事実です。「一から多へ」という共存在への道となるために、すべての生きものは死ななければならない、ということです。その意味で、生とは「私は地球であり、地球は私である」ということの意味を知るための旅、死とはその意味を知ったものがそれを実現するための旅と言えるかも知れません。

　この死という〈いのち〉の与贈の確実な約束に対して、〈いのち〉の居場所がおこなう逆対応としての与贈こそが、冒頭の「なぜそのようにして生まれてきたのが、この私であって、私の兄弟ではないのか。そしてなぜ「この私」と感じる人間がいま、一度だけここに存在し、これまでには存在していなかったのか、また死ねばなぜ二度と再び存在することはないのか」と、問わせる活きであると、私は考えています。それは、限りなく大きな宇宙における唯一の存在者として、いま、ここに、この自分が一度だけ生きて存在しているという自覚が深い内在的世界から生まれて、学生の私だった日常的な悩みから解放させて、まっすぐ学問に向かわせ、これを忘れたときには、煩悩の虜になって功を焦った苦い経験を思い出すからです。この存在の唯一性の自覚については、フェルミ粒子としての〈いのち〉の唯一性と関係があるかも知れませんが、このことについては、また後ほど触れることにします。いずれにせよ、これを日常的に繰り返して強く自覚することによって煩悩の苦悩から救済され、自分の人生はどうあるべきかが見えてきます。親鸞が、阿弥陀仏の救済は「親鸞一人《いちにん》のため」のものであると言った（『歎異抄』）理由も、結局はここにあるのではないかと、私は密かに思っています。

二種類の市場

外在的な場にあるときは、生きもの（人びと）は群れとして一様な行動をします。これに対して内在的な場では、同じ舞台において互いに異なる役を演じながら〈いのち〉のドラマを即興的に進めていく役者たちのように、互いに異なる役割を決めて、その役を果たしながら互いに欠かすことができない共存在者となっていくのです。西田幾多郎の矛盾的自己同一、すなわち「一即多、多即一」に関係して考えられている「一」としての場は、この内在的な場に相当しているのではないかと思われます。〈いのち〉の与贈によって自己組織的に生まれる「他力の場」において直感的に自覚したことを、後で反省、分析して、知識に変えていくことは可能ですし、また重要です。しかしこのことは、「ナレッジの場」で情報や知識を直接的に獲得することとは異なっています。

市場は本来「他力の場」であり、したがってアダム・スミスが『富国論』で指摘したように、資本主義経済には「神の見えざる手」が活いていました。その「神の見えざる手」は、同じ時代を生きていく様々な人びとの〈いのち〉の自己組織によって生成される、価値に対する社会的なバランス感覚であったと思われます。したがって直接的な利害を離れて「見えざる人びと」の生活を配慮する経営者の心が、資本主義経済における企業の健全さを支えていたともいえるでしょう。しかし、金融市場が金融工学によって計算できる「自力の場」に変質してしまったことで、企業が市場を通じて「見えざる人びと」の利益とつながる回路が消えてしまい、経営とは、投機的な目的で株を所有している株主が効率的に利益をあげられるように企業を操縦していくことであると考える経営者が多くなり、そのこととも関連して、グローバル化した資本主義経済のあり方が地球の未来に深刻な影響を与える可能性すら現実味をおびてきました。

企業が、直接的な利害関係のない「見えざる人びと」や「見えざる生きもの」の存在に寄与することを目的としている限り、その企業は共存在の居場所＝「一」となって「一から多へ」という形をつくることができます。しかし、企業が投機的な株主のために利益をあげることを目的とすると、従業員の〈いのち〉の与贈を受ける「一」としての形（広い意味での思想性）が消えてしまうのです。したがって現状では、多くの企業が従業員を上からの力によって「多から一へ」の形でまとめることしかできなくなっています。このために従業員の企業に対する人間的な信頼感が失われて、モチベーションが低下している状態が広く見られます。

このような投機的な資本主義経済のあり方を見直して、市場を「神の見えざる手」に戻して、直接的な利害関係のない人びとや生きものの共存在の場とすることが、強く求められるようになっています。つまり、〈いのち〉の居場所としての地球に「一」としての〈いのち〉が持続していくためには、競争原理にしたがって弱者を切り捨てることは原理的に許されず、次のような共存在原理が求められているのです。それは地球を〈いのち〉のドラマの「舞台」として、そこでは弱者も重要な役割を演じていく「役者」となって生きていくことができる〈いのち〉のドラマをつくる原理です。したがって企業にも、この共存在原理によって経営がなされるような経営改革が求められています。

そこで必要になってくるのは、多様な生活者が共存在している〈いのち〉の居場所を積極的に市場として選んで、そこに存在するすべての生きものを「顧客」と考えることによって、市場を内在的世界に戻していくことを敢えて決断し実行する経営です。このような市場の内在化によって、企業の従業者も、ボーズ粒子のように画一化された機械的な労働と過酷なノルマを押しつけられる状態から解放されます。そして、フェルミ粒子としてかけがえのないそれぞれの主体性が重んじられる職場で、共存在者の喜びを感じながら働くことができるようになるために、自己の存在の意味を日常的に自覚できて、モチベーションが非常に上がるのです。両者は〈いのち〉を捉える深さが全く異なるのです。

〈いのち〉の要素の唯一性について

これまで、生きものの〈いのち〉の活きを、「ボーズ粒子」と「フェルミ粒子」として説明しましたが、これは〈いのち〉が素粒子であるということではなく、〈いのち〉の活きはこれらの素粒子と共通する性質をもっているので、それらをイメージすると掴みやすいということです。たとえば、フェルミ粒子の重要な性質である非同一性は、冒頭の「現象と存在」という節で話題にした主体的な自己の存在の唯一性と関係があります。

一度だけ現れて、二度とは現れない自己の存在を、その自己自身が眺めれば唯一性をもっていることになります。その意味での存在の唯一性を主体的にもって集まるのがフェルミ粒子としての生きものということであれば、それは歴史的に見ても唯一であることになりますから、歴史的（四次元的）な時空で唯一の存在という特徴をもっていることになります。しかし、そのことと、「自己の存在がこの宇宙の歴史において唯一のものである」と、自己の存在の意味を自覚することとは、問題が異なります。自己の存在の意味を自覚することは、自己が存在している居場所における存在の意味を自覚することです。したがって居場所が変われば、その自覚も変わります。それは、自己の〈いのち〉への居場所の〈いのち〉の活きかけ――〈いのち〉の与贈循環――が場所に応じて変わるからです。このことから、自己の唯一性の自覚の背後には、「宇宙」という〈いのち〉の居場所と自己との間に〈いのち〉の与贈循環が存在していることが推定されます。このことはまた、宗教的な実在の本質にも関わってくる問題です。

このように考えてみると、自己の〈いのち〉の宇宙的な唯一性は、互いの自己否定によって関係し合う、西田幾多郎が言うところの逆対応とも関係があるかも知れません。また、足下に迫っている地球の危機に人類が適切に対応するためには、――東日本大震災の深刻な被害を受けた地域の復興のことを考えても理解できることですが――煩悩にとらわれている自己の存在に否定的にかかわり合っていく仏教思想の神髄を何人かの個人が悟りえたとしても、それを社会のレベルへ広げて実際の行動をおこすためには、肯定的なシナリオの共有を必要とします。しかも状況を考えてみると、短期間にその対応ができなければ、「画に描いた餅」になってしまいます。

また私は、存在の唯一性は、〈いのち〉の与贈循環の性質から考えて、生きものの存在が問われる様々な場面――重層的な様々な居場所――において、それぞれの場面に相応しい形で現れてくると考えています。そのことを頭において、逆対応によって私たちそれぞれに与えられる存在の唯一性を次のように能動的に表現してみることも、実践の場では許されるかもしれません。〝〈いのち〉の宇宙的な居場所である地球（＝絶対者）と、その〈いのち〉の居場所に存在する生きもの（＝個物）とが、〈いのち〉の与贈（自己否定）を通じて相互に関係し合う〈いのち〉の与贈循環（＝否定的相互作用）によって即興的に生まれる「〈いのち〉のドラマ」が持続していくことによって、それぞれの生きもののの、その居場所における唯一の役割が決まる〟。

ここでは、〈いのち〉の自己組織をともないながらおきていく〈いのち〉の与贈循環によって、居場所に〈いのち〉のドラマが生まれると考えています。そして、地球という宇宙レベルでの〈いのち〉の居場所に、どのような〈いのち〉のドラマが生まれるかによって、地球の運命が決まっていくと考えるのです。さらに言えば、現在、人類は、地球という〈いのち〉の居場所に発生した「ガン細胞」のように、自己中心的に地球を食い荒らして、自己の領域を拡大しようとしています。このままこの状態が続けば、宇宙における〈いのち〉の居場所としての地球も、生きものがガン細胞に内部から侵食されて死んでいくのと同様な命運をたどる可能性があるでしょう。どう行動すれば、人類の自己中心的な活動を持続可能な〈いのち〉のドラマの形に変えられるかが、いま私たちに厳しく問われているのです。

共存在を支える〈いのち〉のドラマ

生きものは、上で説明したように、それぞれの存在の唯一性をそれなりに自覚できますが、そればかりでなく、居場所において、そこに一緒に生きている生きものそれぞれの存在が、互いの関係において唯一のものとしてのあり方を獲得していくという非同一性があるために、同じ〈いのち〉のドラマの役者となって、一緒にそのドラマを演じていくことができます。自己の存在が唯一であると自覚するばかりでなく、互いの存在が互いにとってもそれぞれ唯一であると自覚することが、〈いのち〉の存在のフェルミ粒子としての非同一性です。

これは、その居場所を「舞台」として、生きものたちが役者として〈いのち〉のドラマを即興的に演じていくからです。そして居場所における存在の非同一性（存在のフェルミ粒子としての性質）は、自己の存在が唯一であることに、さらに、即興的な〈いのち〉のドラマが継続するために必要な性質が加わることによって生まれてくる可能性もあると、私は考えています。分かりやすく言えば、即興劇の舞台に全く同じ役をする役者が二人以上存在すると、一体どちらの役者の表現を取り入れて次に進んだらよいかが分からなくなってしまい、ドラマがカオス的になって進まなくなるのです。つまり、居場所の〈いのち〉が続かなくなります。〈いのち〉のフェルミ粒子としての性質は、その存在を継続する能動的な活きですから、自己の〈いのち〉を継続するために、自己の居場所の〈いのち〉を継続させようと、役者となる生きものそれぞれに非同一的な役割を与える活きをするのです。つまり、役者の〈いのち〉と舞台の〈いのち〉が相互誘導合致することによってその存在の唯一性が決まるのですが、西田哲学の言葉を使えば、非同一性のあり方は逆対応的に決まるということになるでしょう。

科学者が外在的世界に他の生きものの〈いのち〉を捉えるときには、「自己の存在の向こう側に分離されて存在している明在的な生命現象を、客観的に捉える」という形になります。これは、自己を中心にして、その周りを回転する天体を見る古典天文学の天動説と同様の見方ですので、「〈いのち〉の天動説」と名づけてもよいかも知れません。これに対して、内在的世界に〈いのち〉を捉えることは、自己の〈いのち〉もその世界の住人ということになりますから、地球自身を宇宙空間に運動する天体の一つと位置づけた古典天文学の地動説に相当します。ですから、それは「〈いのち〉の地動説」です（『コペルニクスの鏡』）。

現在の宇宙物理学では、宇宙空間は、古典天文学のように、たんに天体が運動する空間であると考えるばかりでなく、さらにそこで星が生まれ、成長し、そしてやがて死んでいく生成消滅の場として四次元的に捉えられています。そしてその生成と消滅を考える上で、相対論と量子論を基盤にした場の量子論が、重要な役割を果たしています。〈いのち〉の科学では、この宇宙に相当するものが〈いのち〉の居場所であり、そこで〈いのち〉が生成し、そして消滅すると考えているのです。〈いのち〉の自己組織論は、宇宙物理学における宇宙の生成論に相当するものとして、さらに研究されていく必要があります。

ボーズ粒子とフェルミ粒子の生成と消滅の議論に最低限必要なものは、相対論的な四次元空間と、量子論の主客非分離性です。一方、居場所における〈いのち〉の生成と消滅に必要なのは、活きとしての時間と空間です。またその時間と空間とを相互に分離できないという意味で、ドラマの舞台としての四次元空間——空間の活きが時間によって変わり、またその逆も言える——と、内在的世界の主客非分離性です。言うならば、居場所論は相対論的であると同時に、量子論的です。このことから、粒としての〈いのち〉にフェルミ粒子としての性質があることは、アナロジー以上の大きな意味があるかも知れません。

空間と時間の二面性

散逸構造の自己組織と〈いのち〉の自己組織とは、様々な点で異なっていますが、重要な違いの一つは、空間と時間の性質が、両者の間で本質的に異なっていることです。その違いが生まれる原因は、散逸構造の場合は、自己は、自己と主客に分離された対象におきている自己組織現象を、その外側から観察している――外在的世界に観察している――のに対し、〈いのち〉の場合は、自己はその自己組織に自己の〈いのち〉も組み込まれた主客非分離の状態で、その活きを内在的世界に経験しているからです。

このことから、前者の自己組織現象は、外在的世界に出現している客観的な観察の対象として、その特徴が、物差や時計によって測定される「対象としての空間」と「対象としての時間」によって表現されます。一方、後者の場合に使われる空間と時間はそれとは異なって、自己の内在的世界に起きている〈いのち〉の自己組織を「経験する空間の活き」と「経験する時間の活き」です。それは、自己が経験している活きとしての、主観的な空間と時間です。たとえば大地震のとき、私たちは空間と時間を主観的に感じとっていますが、その感じそのものを物差や時計で測ることはできません。それは、活きとしての空間や時間は内在的世界でおきる変化に応じて感じるものであるため、その変化を経験しているときの状況によって生まれる感情や意味がそこに入り込んでくるからです。そうした内在的世界における変化は、外在的世界に現象として存在している対象に対して使われる物差や時計で測ることはできません。たとえば家庭や故郷のような居場所における生活で経験する空間と時間には、このような活きとその意味が折り込まれています。しかし、その居場所における生活を経験したことのない人びとは、これを自分の存在とは切り離された客観的な対象として観察するときに使う空間や時間によって理解してしまうのです。

〈いのち〉の自己組織の拘束条件

散逸構造の自己組織と〈いのち〉の自己組織の重要な違いとして、拘束条件の違いがあります。その違いは、結局は、集合体と統合体とでは自己組織のあり方が、「多から一へ」と「一から多へ」というように異なることからきています。集合体では、どのようなルールによって、多を一にまとめるかがポイントになりますから、そのルールを与えるものが拘束条件になります。拘束条件は社会の善のあり方を限定する法律のような活きをします。レーザーにおける自己組織の例では、レーザー管の両端に向かい合って固定されているミラーの間の距離によって自己組織がおきる空間が変わり、それによって、自己組織されるレーザー光線の波長が変わることが指摘されています。自己組織がおきる空間を限定するこのような境界条件のことを、ハーケンは、拘束条件と呼んでいます。〈いのち〉の自己組織で、「〈いのち〉の居場所はこの範囲にあるよ」と居場所の範囲を決める境界条件も、拘束条件です。このように拘束条件によって示された居場所の範囲は、そこに存在している生きものが、そこで自己組織的に生まれる空間や時間を、（直接的あるいは間接的に）意味のある活きとして経験できるものでなければなりません。

統合体では、全体と個の二種類の拘束条件が必要になります。第一の拘束条件は、「一から多へ」における統合体の全体＝「一」のあり方を限定するものです。たとえば企業が興されるときの夢（理念）に相当し、夫婦が結婚して新しい家庭を作るときの家庭の夢に相当するものです。また我が国の憲法第九条は国家としての日本＝「一」のあり方を限定する拘束条件です。受精卵の表皮は個体＝「一」のあり方を限定する拘束条件です。

統合体では、さらに個の拘束条件が必要になります。それは、フェルミ粒子である個々の生きものが「役者」として相異なる役割を互いに担うように、それぞれの存在が相異なった姿で居場所に位置づけられる（意味づけられる）ことがなければ〈いのち〉のドラマの自己組織的な生成がおきないからです。繰り返しになりますが、生きものの〈いのち〉には、互いに全く同じ活きをすることを避ける（拒否する）フェルミ粒子のような非同一性があります。実際、もしも全く同じ役割をもった複数の役者が同時に舞台に存在すると、どの役者が演じていることが真実なのかが分からなくなり、即興的な〈いのち〉のドラマが止まってしまう——生きていくことができなくなります。だからこそ、役者としての生きものに与えられたそれぞれの場所的位置が、生きものの〈いのち〉の表現の拘束条件となるのです。これに対して、レーザーアトムから放出される光子はボーズ粒子であるために、互いに同一の状態になることができますから、個別の拘束条件がなくても、光の波のそろったレーザー光線をつくることができるのです。

〈いのち〉の自己組織では、〈いのち〉の与贈循環によって、内在的世界にある「舞台」の活きと、外在的世界に空間を占める「役者」の活きの間を循環しながら、つまり、「舞台」と「役者」が交互にその〈いのち〉を表現しながら、即興的に進めていく「〈いのち〉のドラマ」のつくり方——〈いのち〉の居場所における秩序創出の文化的風土——が、暗在的な拘束条件として、全体と個の拘束条件を縛って変化しにくいものにします。〈いのち〉のドラマの歴史的なできごとと関係（縁）があって、それが人々の内在的拘束条件として活いていることも多いと思われます。そして多くの場合、そこにはすでに存在していない人びと——死者たち——との間の縁もはたらいています。そのことが一方では文化的な伝統を守っていく役割をしますが、その他方で自己防御反応に結びついて必要な変化に抵抗する活きを生んでしまう危険性もあります。これを避けるためには、大きな居場所との〈いのち〉の与贈循環によって、人々の内在的世界を開いていくことが必要です。

内在的世界に生まれる空間と時間を活用する芸術として、京都の龍安寺の石庭や、比叡山を借景にした円通寺の方丈庭園などの庭園芸術が知られています。これらは、居場所としての庭園を限定する低い境界（拘束条件）の向こうに、仏の世界を表象する重層的な背景を借りてきます。そして、庭園に自己組織的に生成する居場所の〈いのち〉に包まれながら、重層的な仏の世界からの活き（居場所としての地球の活き）を自己の内在的世界に経験することを目的にしてつくられています。しかし、これはほんの一部の例に過ぎません。庭園や茶室として残されている伝統文化の場の芸術は一般に、「〈いのち〉の自己組織を生み出す拘束条件の芸術」とでも呼ぶこともできると、私は思っています。

一般的に言って、内在的世界におきる〈いのち〉の自己組織に対する拘束条件の一部は、外在的世界において設定されているように思われます。たとえば、東洋においても西洋においても、人びとが食卓に座る位置は外在的世界において設定される拘束条件であり、その位置には重要な意味があります。

さらにたとえば住宅の構造や地域社会の地理的条件、そして地勢的構造のように、外在的世界における居場所の構造が、それらの居場所で生まれる〈いのち〉のドラマのあり方を限定していくという面がたしかに存在しています。グリーンランドとインドとでは、砂漠地帯とモンスーンの地帯とでは、大地震が多発する日本とそれが希な北ヨーロッパとでは、〈いのち〉のドラマは異なる外的拘束条件の下で演じられていきます。

先に説明したような過酷な職場に長時間縛られて働かされている人びとが心身を壊しやすいのは、職場から与えられる余裕のない時間的拘束条件に機械のように縛られて、〈いのち〉の自己組織に必要な内在的世界における空間的拘束条件「一」を排除されてしまうことが原因ではないかと思われます。〈いのち〉の自己組織が起きるためには、職場の内在的空間「一」を「舞台」とし、そこで働く人びとを「役者」とする〈いのち〉のドラマが〈いのち〉の与贈循環の形、すなわち、空間（舞台）↓時間（役者）↓空間（舞台）↓時間（役者）↓……という形で進んでいくことが必要です。これはまた「一から多へ」という内在的自己組織の形になっています。〈いのち〉のドラマの拘束条件は、このようにあくまでも内在的かつ空間的でなければなりません。

ところで外在的世界における時間的拘束条件に厳しく支配されて、内在的世界における〈いのち〉の与贈循環を止められてしまうために、臓器や細胞から自己の内在的世界に与贈される〈いのち〉が与贈元へ〈いのち〉の与贈循環によってうまく回ってこられなくなる結果、〈いのち〉が内在的世界を迷走して、過呼吸などのような「〈いのち〉のアレルギー」を起してしまうのではないかと思われます。そのことから、内在的世界における〈いのち〉の自己組織力が著しく低下して、酷いときには死ぬことすらあると、私は推定しています。

したがって、その治療には、外在的世界から与えられる時間的拘束条件による縛りを極力排除して、時間的に余裕のある状態の下で、自己の〈いのち〉の与贈循環を少しずつ回復させながら、空間的拘束条件「一」を取り戻させる必要があると考えられます。それは一度崩壊しかけた家庭を自己組織的に再びもとの状態に回復させることに相当し、かなり時間を必要とするでしょう。人間が外側から設定した時間的拘束条件に縛られて〈いのち〉を病み、ひどいアレルギーを起こしている地球に、再び元のような空間的拘束条件を取り戻させることができるでしょうか。

家庭における〈いのち〉の自己組織とその拘束条件

家庭については二つの異なる面があります。一つは、家庭を家族の居場所として捉えることであり、これは家庭を、家族の〈いのち〉の自己組織がおきる内在的世界として――外部からは見ることができない、暗在的な場所として――捉えることになります。もう一つは、家族がそれぞれ別べつに生きていく居場所を家族の他のメンバーも大切な外在的世界として捉える見方です。

家庭がもっているこの二面性と関係して、家族には次の二つのことが求められます。一つは、内在的な場所における〈いのち〉の自己組織に協力すること、もう一つは、その上で、外在的世界における家族の社会的存在を互いに尊重することです。言い換えると、個人の立場を越えておきる〈いのち〉の自己組織によって家庭という温かい場をつくる活き（全体の拘束条件をつくること）に積極的に加わることと、家族それぞれの社会的存在を尊重して、家庭における〈いのち〉の自己組織への個の拘束条件をつくる活きを重視することです。この二つが整合的に上手く進むことによって、家族にとって住み心地のよい家庭ができるのです。この内外二つの活きは、家庭だけに限られるものではなく、居場所としての地球に存在していくためにも必要なことです。

ここで、家族がどのように家庭の拘束条件をつくるかを考えてみましょう。先ほどの話からも分かるように、家族それぞれが、同じ家庭の空間を、自分と家族の他のメンバーとが共有する内在的世界として受け入れて、さらにそこに自分自身と他のメンバーの位置（役割）を発見するということが、それにあたるでしょう。折角の温かい雰囲気も、ちょっとした配慮の足りない言葉や行為によって壊れてしまうことはよく経験するところです。互いの衝突を避けるには、家庭において位置づけられた自分の活きをそれぞれが守り、また同様の観点から、互いの立場を思いやることが大切です。その位置における互いの〈いのち〉の活きを見守りながら、必要が無い限り、互いに協力はしても妨げ合わないようにすることが必要です。

家庭の内部での役割やルール以外にも、家族はそれぞれ家庭の外で、社会的な要求を背負っています。お父さんはお父さんなりに、お母さんはお母さんなりに、また子どもは子どもなりに、その社会的要求を満たしていかなければ、それぞれの社会においてうまく生きていくことができません。それに加えて、個人としての夢や自由も必要です。それぞれが社会的に生きていくために必要なことを互いに認め合うことで、家庭における家族の位置づけが最終的に決まります。そしてそれが、内在的世界における〈いのち〉の自己組織のために、外在的空間において設定される個の拘束条件となるのです。しかしそれは固定されたものではなく、家庭の内外の状況の変化に応じて柔軟に調整し合う必要があるでしょう。

家族が互いをそれぞれの社会における個人として観察するときには、個人対個人の関係になります。互いの社会における個人としての〈いのち〉は、フェルミ粒子として互いに独立していますから、個人はどうしても外側から他の個人を見ることしかできません。このことが、家庭における個の拘束条件を家族が確認できるように、外在的世界において設定しなければならない理由です。そして、それぞれの存在が外在的世界において他の存在を妨げないようにすること――すなわち、互いの妨げにならないようにそれぞれの存在を決めることが必要になります。その上で、家族は居場所としての家庭の〈いのち〉を自己組織するために、自分の〈いのち〉を家庭に与贈することが必要になります。したがって、家庭において重要なことは、誰もが「私はたんなる私ではない」ということです。それは〈いのち〉という観点から見ると、「私は自分の〈いのち〉を家庭に与贈する家族の一人として、家庭と〈いのち〉を分離できない存在であり、互いに〈いのち〉のつながりのない孤立した私ではない」ということなのです。このことから分かるように、家庭は外在的世界（空間）と内在的世界（居場所）という二重性をもっています。

このように、家族の存在がどうあるかにしたがって、居場所としての家庭のあり方が決まります。たとえば夫婦と子どもがいたときに、夫婦が家庭に対してどのような責任をもつか、また子どもがどのように教育されるかなどが、それぞれの存在のあり方を決めます。そしてその家族それぞれの存在のあり方が、その家庭に自己組織される居場所の〈いのち〉の状態を拘束します。このことから、外在的世界における生きものの存在の位置が、内在的世界において自己組織される居場所の〈いのち〉に個の拘束条件を与え、また反対に内在的世界において自己組織される居場所の〈いのち〉が、外在的世界における家族それぞれの存在を温かく包む家庭の場の活きをすると同時に、スレービング原理によって家族一人ひとりの内側から「〈いのち〉のシナリオ」として活き、家族に一つの〈いのち〉のドラマを演じさせていくことが分かるでしょう。

ここで注意しておきたいことですが、たとえば、家庭はこの範囲まで、地域社会はこの範囲まで、国家はここまで、地球はここまでと、外在的世界に線引きされた空間の範囲と居場所の範囲とが一致しているとは限りません。限りなく大きな居場所の〈いのち〉が人の内在的世界を支配していることを受け入れるということこそが宗教の本質であると、私は思っています。しかし現実には多様な宗教が世界に存在していることは、それらの宗教が生まれた場所の拘束条件が多様であり、現在の目から見れば、その拘束条件が地球上のすべての地域を包含できないことを反映しているのではないでしょうか。

実際、砂漠で生まれたユダヤ教、そしてその影響を濃厚に受け継いでいるキリスト教やイスラーム教と、多様な生きものが生息する南アジアで生まれた仏教の教義が非常に異なっているのは、それぞれの場所に生息していた生きものの多様性から見れば当然です。しかし他方において、これらの拘束条件の違いが、多様化していく世界において宗教的対立という深刻な問題を生み出している原因になっていると思われます。宗教の教義を決して軽んじるわけではありませんが、既に指摘したように、〈いのち〉の居場所としての地球は、〈いのち〉を出発点にして、地域的な違いを超えてすべての人びと〈生きもの〉が受け入れることができる「地球の形而上学」が、近代科学とも矛盾しない論理によって創りあげられることを必要としていると、私は思っています。

拘束条件とその生成の理論

そもそも、科学技術の一般的な理論は、ニュートンの古典力学以来そのすべてが、予め拘束条件を与えることによって、はじめて自然を具体的に表現できる形になっています。その理由は、もともとは一つである世界を、人間が自分の意識の活きにしたがって、外在的世界と内在的世界といったように、知っている世界と知らない世界の二つに分けていることにあります。そして自然を外在的世界として捉えるのが科学技術の立場であり、その科学技術の理論によって対象物がどんな状態にあるのかを表現しようとします。しかし私たちが二つに分けた世界の片割れだけでは、その状態を完全には表現しきることはできません。そこで必要になるのが、いま考えている外在的世界の「続き」、すなわち内在的世界を含むそれ以外の世界がどうなっているかを予め簡潔に考えておくことです。その「続き」に相当するものが科学技術の理論で使われる拘束条件です。

たとえば、原子力発電所を科学技術の理論にしたがって設計するとします。原子力発電所は、囲いによって内外が切り分けられています。科学技術の専門家たちが設計するのは、その囲いの内側の施設だけです。囲いの内側は完全な外在的世界であるということが前提とされ、科学技術の一般的な理論にしたがって設計するのですが、そこで問題になってくるのが原発の安全性です。言うまでもなく、原発の安全性は、囲いの内側だけでは決まりません。囲いの外側の状態がどうなっているかという「続き」が分からなければ、そもそもどのような囲いを作ればよいかということも含め、原発そのものの構造の安全性も決まりません。この例では囲いが拘束条件に相当します。囲いがどのような高さであるか、その頑丈さはどれほどであるべきか、また事故がおきても放射性の冷却水やガスが周囲に漏れないようにするためにはどのような構造を考えるべきかなど、これらの拘束条件は、外側の世界の状態を、間接的ではあっても、できる限り正確に表現していなければなりません。

囲いの外側の世界には、大地震がおきる可能性のある地層、大津波がおきる可能性をもつ海洋、そして大気などがあるため、それらの大きさを正確に把握し表現していることが求められると同時に、そこには、多くの人間をはじめ様々な生きものが住んで生活している生きものの内在的世界もあります。これらの「続き」の状態を考えて、囲いを構想し、その数値を具体的に決定することが、拘束条件の生成です。福島原発の放射能事故が回復の目処の立たないような大災害を地域にもたらしているのは、信頼できる拘束条件の生成の理論（論理的性質の異なる二つの領域の間につながりをつくる統合の理論）がこれまでの科学技術にはなかったからです。しかし、その理論は簡単にできるものではありません。何故なら、そのためには科学技術の論理的な構造を変える必要があるからです。

空間についてだけでなく、時間についても、人間は一つの世界を外在的に認識できる時間とできない時間との二つの世界に分けて認識しています。そのために、ある物体が空間を運動している状態を、ニュートンの古典力学で表そうとすると、その状態の空間的な「続き」ばかりでなく、時間的な「続き」がどうなっているかを拘束条件として与える必要があります。具体的に言えば、その運動を始める前に、その物体がどこでどうしていたかを、今後の状態の拘束条件として与える必要があるということです。力学では、その空間と時間の拘束条件のことを、それぞれ「境界条件」と「初期条件」と言います。

力学を離れてさらに一般化して、次のようなことも考える必要があります。たとえば、いま考えてきた運動する「物体」を競技場で競技を始めようとするフィギュアスケートの選手であるとするならば、競技場へ来るまでの練習のあり方や生活のあり方といったいわば存在のあり方が、もう一つの世界としてその初期条件を与えることになります。そしてその選手が属しているチームや故郷、国家の状況、そして競技場という世界を取り巻く観客やテレビカメラは、もう一つの世界として境界条件を与えます。このようにフィギュアスケートの選手の華麗な運動は、目では見ることができないもう一つの世界の影響を非常に大きく受けているのです。

私たち一人ひとりがこの地球に出現している状態についても、いま明在的に見えている世界における存在だけでなく、どこから来て、またどこへ行くのかが分からなければ、自分の存在が本当には分からないことになります。地球についても、宇宙についても、同様に考えることができます。このことに関して、外在的世界を明在的であると認識している人間にあらためて問われてくるのは、地球や宇宙において暗在的であるものとは何かということです。

少し具体的に考えてみれば、人間自身が地球の一部であるため、自分の外側にある世界として主客分離的に切り離してみることができない部分が地球には原理的に存在し、それが暗在的な世界ということになります。たとえば自分の死後の世界も、また生前の世界も、自分にとっての暗在的な世界ではないでしょうか。生きものが死ねば、それまでの形を失って、地球と同化し、全く分離できなくなってしまいます。土壌は生きものの活きによって生まれたものであるため、月には存在しないと言われます。このように、自分自身の生前と死後の存在を地球から分離して認識することはできないことになりますから、その存在と非分離的な関係にある世界は暗在的になってしまうのです。

人間が宇宙の一部であることを考えれば、宇宙についても同様のことが言えると思われます。しかし科学の立場では、人間に明在的に意識される宇宙こそが宇宙のすべてであることになりますから、その宇宙の「続き」を考えることは、空間的にも時間的にもできないことになってしまいます（本当は空間と時間を分けて考えることはできませんが、ここでは複雑さを避けるために、そういう問題には立ち入らないことにします）。そのため、「続き」の世界といういわば「逃げ場」をもてない状態に意識が追い詰められ、すべてを明在的に説明しなければならないことになります。宇宙が一点から爆発的に膨張してきたという膨張宇宙論は、科学によってそのように拘束条件が存在しない状況におかれた意識を救出できる、おそらく唯一つの形です。しかし膨張宇宙論に頼るばかりではなく、人間が宇宙の一部として存在するという事実を足がかりに、宇宙の何が暗在的になるのか、言い換えると、主客分離的に宇宙を取り扱う科学の限界がどのような形で現れてくるのかを考えてみる必要があると思います。科学の現状を考えてみると、宇宙における生命の起源を〈いのち〉のない物質から出発して説明できるかどうかが、この限界に関係しているかも知れません。

私の考える二領域理論は、鍵と鍵穴とが相互に誘導し合って、相互整合的に合致するように拘束条件が生成されることを示す、現象論的な理論です。それは、〈いのち〉の自己組織によって、内在的世界という「舞台」（場所）に生成する場と、外在的世界における「役者」（存在者）の〈いのち〉の表現の間に、鍵穴と鍵とが互いに相手を誘導し合いながら、相互整合的な状態に合致していくことに相当する相互誘導合致という法則が存在していることを、示すものです。この理論は、拘束条件が、論理的に相異なる明暗二つの世界を論理的につなぐ役割をもっていることを説明します（『場の思想』、『〈いのち〉の普遍学』）。

清澤満之の後を継いで、浄土真宗の近代教学を切り開いた曽我量深は、地上における現世の救済と、そして天上における来世の救済とに分けられてきた実存の世界を合一させるために、「分水嶺」という言葉を考えました。その言葉を借りると、分水嶺（拘束条件）の形は、その両側の状態が相互整合的になるように形成されていきます。それは、外と内という明暗二つに分かれた世界を一つにつなぐ活きをするものです。そしてそのようにつながった世界が、「存在の宇宙」となるはずです。

〈いのち〉という飛躍

　個体の〈いのち〉をつなぐ活きがあってこそ、生きものの共存在（共に生きていくこと）は可能です。その〈いのち〉をつなぐ活きは、居場所の〈いのち〉の自己組織によって生まれます。〈いのち〉の自己組織は内在的世界で暗在的におきますから、目には見えません。したがって科学的に観測することはできませんが、一つの場所に多様な生きものが歴史的に共存在しているなら、たとえ見た目には分からなくても、それはその場所で居場所の〈いのち〉の自己組織がおきている証拠になります。そしてその居場所の〈いのち〉の自己組織によって生まれる秩序パラメータの活きが「〈いのち〉のシナリオ」になって、「〈いのち〉のドラマ」に「役者」として参加する生きものの内側から活くために、多様な生きものを共存在させて、彼らの〈いのち〉を持続させていくことができるのです。〈いのち〉の与贈循環によって、居場所から生きものに同じ一つの「〈いのち〉のシナリオ」が与贈されてくると、考えることができます。この「〈いのち〉のシナリオ」の活きによって生きものは共存在できるのです。

　この共存在の典型的な例が多細胞生物です。多細胞生物の個体としての身体は、それぞれが〈いのち〉をもっている多くの細胞が歴史的に共存在している、〈いのち〉の居場所です。そこには、多様な細胞による〈いのち〉の自己組織によって居場所の〈いのち〉——細胞によって構成されている個体の〈いのち〉——が絶えず生成されて、舞台と役者という〈いのち〉の二重性が形づくられています。そして細胞たちは、自己組織した身体の〈いのち〉が与える活きとしての「〈いのち〉のシナリオ」に支配されて（感応して）、個の拘束条件のもとで身体の〈いのち〉を自己組織的に生成するように共存在していくのです（現実には、身体の構造的な多重性が影響していますが、ここでは原理だけを説明しています）。

また、私たちの家庭という家族の居場所においては、家族の〈いのち〉から自己組織的に生まれた家庭の〈いのち〉によって、家族に「〈いのち〉のシナリオ」が与えられ、家族がそれにしたがって共存在していくことで家庭の〈いのち〉が持続し、〈いのち〉の二重性の形が存在するようになるのも、多細胞生物の場合と同様の事態と言えます。

地球という場のことに目を向ければ、そこでは歴史的に、多様な生きものたちが共存在しながら、同時に生物進化が共創的に進行してきたことを考えると、恐らく重層的で複雑な拘束条件が存在しているでしょうが、地球にも〈いのち〉の自己組織によって「〈いのち〉のシナリオ」が創出されて、生物進化を進めてきたと考えられます。

このことから言えるのは、〈いのち〉の居場所としての地球は「他力の場」として個を越える暗在的な存在であり、人間が主客分離的に支配したり、コントロールしたりできるものでは、原理的にありえないということです。地球の今後のことを思うと、このことはどれほど強調しても強調しすぎることはないと思います。すでに指摘したように、地球には〈いのち〉の居場所としての幾つかの性質が見られます。地球とは、客観的に存在する天体であると同時に、多種多様な生きものの〈いのち〉の自己組織によって居場所の〈いのち〉が生まれて、生きものの共存在が歴史的に進化して現在に至っている暗在的な内在的世界――主客分離の形で明在的に認識することができない世界――でもあるのです。私が言いたいのは、散逸構造としての明在的な形で認識される地球と、地球という「生きもの」の間には〝〈いのち〉という飛躍〟があり、その飛躍によってもたらされた暗在的な〈いのち〉の居場所としての地球に、私たちの〈いのち〉が存在しているという現実があるということです。

〈いのち〉の自己組織と感応道交

これまでを振り返りながら、説明を進めていきましょう。〈いのち〉の自己組織でも、スレービング原理が成り立っています（論理的に考えて、スレービング原理が成り立っていなければ、そもそも自己組織はおきません）。その原理は、居場所に存在している生きものが共存在していく「〈いのち〉のドラマ」を演じるために同一の「〈いのち〉のシナリオ」を受け入れるという状態を生み出していきます（同一のシナリオを受け入れても、居場所における生きものの役割――個の拘束条件――によって、〈いのち〉の表現は異なります）。〈いのち〉の自己組織は生きものの共存在を居場所に持続していく能動的な活きを生みだしていきますが、それはその自己組織によって生まれた秩序パラメータ（媒介変数）が「〈いのち〉のシナリオ」として生きものに与贈されるからです。「〈いのち〉のシナリオ」が、〈いのち〉の与贈循環によって連続的に創出されて、与贈されていくことから生きものたちは、「〈いのち〉

のドラマ」を居場所の歴史的表現として主体的、創造的に表出していくのです。

言い換えると、内在的世界で暗在的におきている〈いのち〉の自己組織の秩序パラメータである「〈いのち〉のシナリオ」が、〈自己の〈いのち〉を居場所に与贈して〈いのち〉の自己組織のために活動している〉生きものの内部へ与贈され、この与贈によって生きものたちの〈いのち〉の「〈いのち〉のシナリオ」へのスレービングがおきるために、多様な生きものが一つのシナリオを共有しながら、即興的に〈いのち〉のドラマを共演していくことができるのです。

居場所という「舞台」に生まれる場は、自己組織的に生成する居場所の〈いのち〉が生きものの内在的世界に表現されていくものです。「役者」としての生きもの（フェルミ粒子）が「〈いのち〉のシナリオ」を共にして、その居場所において主体的に生きていくときには、その具体的な生き方はそれぞれの主体に任されています。秩序パラメータである「〈いのち〉のシナリオ」から逸れていなければ、役者がそれぞれの判断で自由に自己の役を演じていくことができるために、「舞台」の状況は、それぞれの役割を与えられた選手たちが主体的に競技をおこなっているサッカーグラウンドのように、絶えず複雑に変化をしていくことになります。「役者」が「〈いのち〉のシナリオ」を共有するだけでなく、フェルミ粒子として主体的に生きていくことができるからこそ、舞台としての居場所では、イベントのようにリズムを合わせて同じダンスを一緒に踊る必要もなく、もっと自由に、そして個性的に生きていくことができるのです。

少し異なる方向から考えてみましょう。「役者」としての生きものが「いま、ここ」における自己の生き方を決めるために必要なのは、自己が存在している「舞台」がいま、どんな状況にあるかを知ることであり、そして次に、その状況に整合的になるように生きていく方針を立てることです。ここで「舞台」の状況を「役者」に伝える活きをしているのが、「舞台」に生まれる場、すなわち居場所としての「舞台」から与贈されてくる〈いのち〉です。結果から見れば、その場は、「舞台」における「役者」の生き方を「支配」していくように見えます（場に包まれると、その場が「役者」の内部で「シナリオ」として活きます）。しかし、忘れてならないことは、役者も舞台の一部として存在しているために、役者が変われば舞台も変わるということです。このことを含んで、場の理論では、「役者」（黄身）の状態と「舞台」（白身）の状況の間におきる変化を現象的に捉えると、すでに説明したように、「鍵」と「鍵穴」の相互誘導合致というタイプの変化になると考えているのです。

この変化を、即興劇モデルを使って表現すると、〈いのち〉の与贈循環にしたがって、居場所から次々と与贈されてくる新しい「〈いのち〉のシナリオ」にしたがって、「役者」（生きもの）たちが主体的に演じていく――自己の〈いのち〉を居場所（舞台）に表現しながら与贈していく――「〈いのち〉のドラマ」の進行ということになります。したがって、場はこれから「舞台」において演じていくべきドラマのシナリオを「役者」に与贈する活きをしていますから、〝場は未来の方から来る〟ということになります。

相互誘導合致は、このように「役者」と「舞台」とが同時的に出会うことではありません。それは非同時的出会いです。過去から持続してきた役者の存在が未来の世界（舞台）に出会うことですから、役者の存在は相互誘導合致によって必ず未来の方へ進みます。このような非同時的な出会いがおきるのは、〈いのち〉そのものが未来に向かって進む能動的な活きであるためです。したがって、時間と空間とは非分離的になるのです。「役者」と「舞台」の出会いがこのように非同時的で、「役者」の存在が「舞台」からの活きを感じて未来の方へ進むことを、「役者」が「舞台」に「感応する」と表現することにします。そうすると相互誘導合致は、生きものの〈いのち〉と居場所の〈いのち〉の「感応道交」になります。

ここで注目したいのは、〈いのち〉が活いているかぎり、内在的世界では〈いのち〉の自己組織が引き続いておきていくことです。もともと自己組織は個の集まりの無秩序的な状態を相互整合的に統合して秩序（調和）をつくり出す活きであるため、異なる生きものの〈いのち〉は、外見上は異なって見えても、内在的世界における〈いのち〉の自己組織によって整合的になるようにつながります。このことは、ライプニッツが窓のない部屋としてのモナドの間につながりがある状態が生まれることを、予定調和として説明しようとしたことに関係しています。そして〈いのち〉の与贈循環がおきる度に、相互誘導合致がおきるために、〈いのち〉のドラマが居場所に進行していくことになります。そして、それにともなって、内在的世界における〈いのち〉の自己組織が新しく進んで、調和的な内的世界が広がっていきます。生きものの力（自力）では、その居場所の自己組織力という「他力」によっておきる暗在的な変化の進行をコントロールしたり、逆転させたりすることができないために、〈いのち〉の居場所では、個々の生きものの存在を越えて時間が進み、居場所の歴史が継続的に進んできます。

人間をはじめ、多様な生きものが、地球を〈いのち〉の居場所として共存在して、〈いのち〉の二重性（二重生命）の形ができているなら、たとえ我々の意識にハッキリと映らなくても、すでに指摘したように、地球では、〈いのち〉の自己組織をともなった〈いのち〉のドラマ——生きものたちによる共存在の共創——がおきていると考えることができます。このことは、地球における生きものの共存在の持続可能性を考える上で、重要な手がかりを与えてくれるでしょう。文明が交差するこの時代を生きる私たちにとって、本当に重要なことは、人間の自己中心的なものの見方から離れて、居場所としての地球における〈いのち〉の自己組織の営みを、未来のために護ることです。

仏教における内外世界の感応道交

〈いのち〉は、個体の生と死を越え、種を越え類を越えて地球の上を伝わっていく能動的な活きです。しかし、私たちは自分の生と死にとらわれてしまうために、自分自身の内でこの〈いのち〉が活き続けて自分を生かしていることに気づきません。外在的世界においては、私たちは、〈いのち〉を見ることなく個体を見ますから、その死は生の対極にあり、光に対する闇となっています。しかし〈いのち〉を見る内在的世界にあっては、死は生に対するものではなく、全く異なる姿をしています。それは〈いのち〉のドラマの舞台としての絶対無の場所——〈いのち〉の地動説における宇宙空間に相当する、〈いのち〉の居場所の〈いのち〉——となって、すべての生きものの個としての〈いのち〉

を、〈いのち〉の自己組織（〈いのち〉の与贈循環）を通じて支えて、その存在に宇宙的意味を与える光の役割をしています。

〈いのち〉の自己組織によって生まれる〈いのち〉の活きが〈いのち〉の居場所いっぱいに広がっている世界は浄土教でいう一如法界《いちにょほっかい》に相当すると思われます（一如法界は、以下に説明するように浄土の元型のようなものです）。その一如法界からおきる〈いのち〉の与贈循環によって、生きものの〈いのち〉が地球の〈いのち〉に包まれているのですが、人間は外在的世界しか明在的に見ることができないために、それをはっきりと自覚することはできません。しかし、その〈いのち〉が人間の内面から、秩序パラメータである「〈いのち〉のシナリオ」として活いているために、その一如法界につながることによって自分の存在を救われたいとする強い願い（願心）が生まれて、一如法界を浄土としてイメージする（荘厳する）ということが、浄土真宗で言われる願心荘厳《がんしんしょうごん》ではないかと思われます（本多弘之「〔濁浪清風〕自然の浄土（4）」二〇一四年三月一日）。それは、すべての生きものの〈いのち〉を包む内在的世界を荘厳するということであって、決して根拠のない幻想ではないのです。

浄土真宗で最も重要な経典とされている無量寿経では、阿弥陀如来のことを無量寿・無量光如来と称しますが、無量寿とは無限量の〈いのち〉という意味ではないかと、私は考えています。無限量とは、たんなる物理的な量を意味しているのではなく、無限の〈いのち〉の生成能力ということではないでしょうか。つまり、内在的世界に暗在的に自己組織されて存在する、地球の全体的な〈いのち〉からの〈いのち〉の与贈循環によって、外在的世界に明在的に存在している生きものに新しい〈いのち〉が生成されるわけですが、如来の無量寿という活きは、この内在的世界に自己組織される、全体的な〈いのち〉の活きに相当すると考えられます。したがって、如来の本願力とは、感応道交の形で進んでいく宇宙の〈いのち〉のドラマにすべての生きものを招いて、その生と死に大きな意味を与え、〈いのち〉の孤立から生まれる苦悩を救済することであると思います。絶望の闇に対して、新しい〈いのち〉の活きは光であり、無量寿とはまた無量光なのです。

浄土真宗の近代教学を開いた曽我量深は「和とは何ぞや、和とは他なし感応道交これなり、私は和の内容をこう考える。和ということは、二あるものを一に結び着けることではない。和というものは、本来一のものが二に分かれて来たということである。……こういう無為自然の境地が自然の浄土である。……また感応道交ということと一さえ分かったならば、すべての世界人生の諸問題は根本的に解消するのではないか」と言っています（曽我量深「感応道交」『曽我量深選集　第十一巻』一九七〇年）。すでに本書でも、私たちが世界を外在的世界と内在的世界の二つに分けて捉えるのは、人間の意識のあり方がそうさせているのであり、世界そのものが二つに分かれているということではないという趣旨のことを指摘しました。その意味で、「一から多へ」が〈いのち〉の世界の法則です。このように、もともと一つのものが外と内との二つになったことで、全体と個の間の〈いのち〉の与贈循環が感応道交として意識されるのです。

曽我量深の興味深いところは、「自然は我々を摂取する前に召喚する。……大自然が自分の懐を開いて、自分の中へ我々を摂め取る前にまず招き喚ぶ。その招き喚ぶということによって、我々を感覚し目覚ましめる。その目覚ましめることによって今度は自分の慈悲の温かい懐を開いて、その中に我々を摂めて行く」と、指摘している点です。これは、すでに説明したように、「〈いのち〉の自己組織の秩序パラメータである「〈いのち〉のシナリオ」が、生きものの内部から活きかけてくる」ということです。その誘いによって、我々は自然という舞台に登場して〈いのち〉のドラマに参加していくのであり、したがって、その誘いが親鸞の言うところの「本願召還の勅命」に相当することになります。

〈いのち〉の居場所としての地球の全体的な〈いのち〉が絶えず自己組織され続けている内在的世界は、外在的世界における生と死、善と悪、有と無を超越した、西田の「絶対無の場所」に相当しているかと思われます。親鸞の悪人正機説も、この内在的世界からの〈いのち〉の与贈によって生まれるのです。祈りとは、自己の〈いのち〉を与贈することによって、無限に大きな〈いのち〉の居場所との〈いのち〉の与贈循環を生成する活きです。言い換えると、南無阿弥陀仏という言葉には、無限に大きな〈いのち〉の居場所がその居場所の〈いのち〉を与贈する状態を引きおこす活き、すなわち本願力が存在しているのです。

日本の文化の課題

以上の共存在の原理は、生きものの〈いのち〉と、居場所の〈いのち〉という否定できない実態から出発して、科学的な論理によって導かれたものです。現在のところ、これは地球の上の〈いのち〉

の持続可能性を考えていくために、唯一の論理的な拠り所となるものです。したがって、自分の政治的信条や宗教的信条、あるいは思想に合わないという理由だけで、これを否定してしまうことはできません。逆に、それらの信条や思想を点検して、必要な変化を検討するために、活用すべきであると思います。

日本の文化的特徴は場の文化であると言われてきました。そしてそれは表層的な共感の文化であるかのように、誤解されてきた面がありますが、少し深く考えてみると、その本質はそうではなく、多様性に富む共存在文化であると思います。それは、自己組織によって主体的になり、自己組織によって多様化するものです。日本人は、自分から自然の方へ踏みだして与贈し〈いのち〉の居場所をつくり、その居場所からの与贈を自然の恩恵として受けてきたと思います。このような共存在文化の特徴が東日本大震災における人びとの振るまいとして現れ、また海外の人びとの心を引きつける日本文化の特徴となっていると思います。このような日本文化を受け継いでいる日本人ですが、国際社会で生きていくためには、どうしても克服しなければならない、一つの大きな課題をもっています。

この課題は、約十年以上におよんで一緒に日本の場の文化について研究をしてきたドイツ人からも私が指摘されたものです。それは、日本は海外との交流の少ない島国国家として存立して平和を維持してきたために、自分の方から位置づけて世界を見ているだけで、世界の方から自分を位置づけて見る目をもっていないということです。分かりやすく言えば、天動説のように、いつも自分の方から世界を見ているが、世界の中に自分を位置づけて世界を見る「地動説」がまだできていないということです。このことは、日本という国家が居場所として実質的に閉鎖していて、本当には世界（地球）という大きな居場所に開かれていないということを意味します。

もしも、このように閉鎖した状態で、国民が一つの「〈いのち〉のシナリオ」にしたがって動き出したら、それを止める有効な方法がないことになります。恐らく、このために国際連盟から脱退して太平洋戦争に突っ込み、そして一度始めた戦争に、当初の期待に反して、ブレーキをかけることができなかったのではないかと思います。

ワイツゼッカー独大統領は、戦後、世界の歴史に残る有名な演説をしました。〝歴史を変えたり、なかったりすることはできない。過去に目を閉ざす者は、現在に対しても盲目になる。非人間的行為を心に刻もうとしない者は、また同じ危険に陥るのだ〟。重要なことは、ここで言われている歴史は、「地動説」における世界の歴史であって、「天動説」的な意味でのドイツの歴史ではないということです。「地動説」を受け入れることの重みを、国民に説いているのです。同様に、「地動説」を受け入れることが、日本の国民にとっても重要な課題です。

自分の信条が「天動説」であるか「地動説」であるかを判断するためには、自分の歴史観が世界の歴史観になっているかどうかということが重要なポイントになります。さらに自分の思想を世界的に表現したときに、世界のどのような思想と整合的になるか、また自分の信仰を世界的に表現したときに、その信仰がどのような宗教の教義と整合的になるかを、冷静に調べてみる必要があります。そしてそれらが世界的な思想や宗教とつながらない場合には、自己の信条をどのように変えていけばよいかを考えてみる必要があります。

内在的世界における〈いのち〉の自己組織1――多細胞生物

〈いのち〉の自己組織によって、内在的世界に秩序の高い〈いのち〉の活きが生まれることのチェックをかねて、具体的な例について少し詳しく考えてみることにしましょう。〈いのち〉の居場所には、〈いのち〉の自己組織に必要な共通の構造があります。その典型的な例として、先にも見ましたが、あらためて、私たちのような多細胞生物の身体を構成している多数の細胞の活きを取り上げてみます。

レーザーで光子を放出している多数のレーザーアトムに相当するのが、これらの細胞です。人間の身体をつくっている細胞は約六十兆個もあると言われていますが、レーザーアトムと異なっているのは、それぞれがユニークな個性をもって能動的に活動している点です。皮膚をつくっているもの、骨をつくっているもの、筋肉をつくっているもの、脳の神経回路をつくっているもの、様々な臓器をつくっているもの、血液をつくっているものと、全く多様に分化している上に、また同じ器官にあっても、身体という〈いのち〉の居場所における位置の違いによって細胞の役割が微妙に異なっていることから、本当に多様でまた複雑です。

多細胞生物の形がどのような原理にしたがって自己組織的につくられてくるかという形態形成の謎には、ゲーテをはじめ様々な人びとが現在に至るまで挑戦してきましたが、まだ完全に解かれたとは聞いていません。しかしその本質的な原理が、居場所＝「一」における多くの細胞＝「多」による

「一から多へ」のタイプの〈いのち〉の自己組織であることは、これまでの議論から明らかです。まず、細胞たちは「フェルミ粒子」としての非同一性をもち、完全に同じ状態の細胞は存在していません。このことから、形態形成は散逸構造の自己組織——「ボーズ粒子」による自己組織——とは異なっていることは明白です。次に、細胞たちがそれぞれの〈いのち〉を居場所である身体に与贈しつつ、〈いのち〉の与贈循環によって、個体の〈いのち〉から同じ一つの「〈いのち〉のシナリオ」を受けながら、個体の身体という居場所における位置を個の拘束条件として、互いに異なる活きをして、個体の形態形成という「〈いのち〉のドラマ」を持続していくと考えることができます。また、このことから、細胞の〈いのち〉と、それを包む個体の〈いのち〉という〈いのち〉の二重構造（二重生命）も説明できます（ここでは形態形成の原理を説明しているだけですので省略しますが、この原理の下でおきる身体の内部の器官や組織の形成は、全体と個の拘束条件の生成を合わせて説明することになります）。多様な細胞による〈いのち〉の自己組織によって、その活きの「舞台」となる身体に、居場所としての〈いのち〉——個体の〈いのち〉——が生まれて、（観客に相当する）個体の環境に向かって表現されます。個体が生きていくことは、その〈いのち〉を環境へ表現していくことなのです。

少し振り返ってみましょう。このような多数個の多様な細胞が、それぞれ個体としての身体全体の〈いのち〉と感応道交というかたちのコミュニケーションをしながら、全体の状況に応じて、全体と相互整合的に活いています。だから、大きな怪我をしたり、病気をしたりすると、その状態に応じて、細胞の活き方も変化をするのです。つまりここでは、各細胞に内在している細胞としての〈いのち〉

が、身体を共通の舞台として、その舞台に自己組織的に生まれる居場所の〈いのち〉から与贈される「〈いのち〉のシナリオ」に感応しながら、舞台におけるそれぞれの役者としての位置（役割）にしたがって、自己の〈いのち〉を舞台に表現する感応道交がおきています。

ここで重要なことは、〈いのち〉の居場所としての身体に細胞の〈いのち〉が与贈される――つまり、細胞は「役者」として、その〈いのち〉を、「舞台」における「ドラマ」のために与贈する――ために、身体に共存できるということです。そして身体という居場所でおきていることは、細胞たちの生も死も含めて、身体の存在を持続していく身体の〈いのち〉の能動的な活きなのです。

個体と細胞たちの間の〈いのち〉の感応道交によって、〈いのち〉の居場所である個体の身体を「舞台」とする、細胞たちの「〈いのち〉のドラマ」が進行していきます。「役者」である細胞たちの〈いのち〉の表現が、「舞台」である身体という居場所において自己組織されることによって、彼らの多様な表現の間につながりが生まれて、居場所（個体）としての〈いのち〉の表現が生まれます。〈いのち〉の居場所としての個体の身体における細胞たちによる〈いのち〉の自己組織は、暗在的な変化であるために、外から見ることはできません。その絶え間のない〈いのち〉の自己組織では、〈いのち〉を持続して維持する駅伝大会のように、多くの細胞の死と、そしてそれを補う誕生が日常的におきています。しかし、その自己組織によって生まれた居場所の〈いのち〉である個体の〈いのち〉は、〈いのち〉の与贈循環の活きを通じて、細胞たちに「〈いのち〉のシナリオ」を与え、身体という劇場でおこなわれる細胞たちの「〈いのち〉のドラマ」を、未来に向かって続けていく活きをします。このようにして、居場所である身体に自己組織的に生み出された〈いのち〉のドラマのシナリオが、〈いのち〉の与贈循環によって、身体から細胞たちに伝えられて行きます。また細胞たちは、位置づけられた自分の活きを居場所において表現しなければ、〈いのち〉の与贈循環から外れてしまうために、身体という居場所に存在できなくなります。

このように、多細胞生物の〈いのち〉の自己組織では、散逸構造のスレービング原理よりさらに複雑な、「感応道交の原理」が成り立っています。臓器移植によって別の個体に移された細胞は、その新しい個体を新しい〈いのち〉の居場所として、その〈いのち〉の活きにやがて感応することができるようになります。一方、細胞としての〈いのち〉が、居場所である身体の〈いのち〉の活きに感応する能力を失って、〈いのち〉の自己組織性をなくしてしまった「ニヒリズムの細胞」が、ガン細胞です。そう考えると、ガン細胞に感応する能力を取り戻させることが、理想的なガンの治療です。「地球のガン細胞」となっている人類についても、同様なことが言えるでしょう。

内在的世界における〈いのち〉の自己組織2――統合的回来

私はこれまで、「自己組織的に生成した場が未来の方から回ってやってくる」ということを私なりに見出して、「場の統合的回来」と呼んできました（清水博「統合による共存在の深化」、統合学術国際研究所編『「統合学」へのすすめ――生命と存在の深みから』二〇〇七年、『〈いのち〉の普遍学』）。場が未来の方から回来してくるのは、生きものたちが与贈した〈いのち〉から自己組織的に生成した居場所の〈いのち〉が、〈いのち〉の与贈循環によって、生きものに「〈いのち〉のシナリオ」を与贈するかららおきるのです。これについては、すでに「感応」に関連して、〝場は未来の方から来る〟という形で説明をしました。

このことを詳しく見れば、次の二つのできごとが活いています。第一は、外在的世界に存在するいきものたちの個の〈いのち〉と、内在的世界に生成する居場所の〈いのち〉の間には、〈いのち〉の自己組織を必要なステップとして動いている〈いのち〉の与贈循環という能動的な活きが存在しています。分かりやすく言えば、その〈いのち〉の与贈循環を、〈いのち〉の自転車に喩えることができます。第二は、その内在的世界におきている〈いのち〉の自己組織が、外在的世界に存在している生きものに、その内部から「〈いのち〉のシナリオ」を伝えてくることです。ペダルをただ踏んでいるだけでは、自転車は進むことができません。進行するためには、まず進行方向――未来の方向――を示す必要があります。それと同様に、未来の方向がわからなければ、〈いのち〉を持続して進めることはできません。その方向を決める活きが、「〈いのち〉のシナリオ」です。

この「〈いのち〉のシナリオ」の活きをするものが、居場所に生まれる場の形で生きものの〈いのち〉を包んできます。その場（居場所の〈いのち〉）の生成を限定する全体の拘束条件として、居場所が置かれている環境の状態が取り込まれていますから、場は未来の可能性を限定しながら包んでくるのです。言い換えると、生きものは未来の方から場（鍵穴）に包まれてくるということですから、その未来と矛盾しないように、自己の〈いのち〉（鍵）を表現していくことになります。生きものの〈いのち〉の表現によって場が変わりますから、そのことも考えると、鍵穴と鍵の相互誘導合致という変化がおきるのです。生きものを救済することは、その存在に未来の可能性を与えることです。生きものの〈いのち〉が居場所に与贈されて、自己組織的に居場所の〈いのち〉となり、自己組織されたその〈いのち〉が、居場所から生きものに未来の可能性を与えるように与贈されてくるのが、〈いのち〉の与贈循環です。

このことは、居場所の内在的空間に自己組織された居場所の〈いのち〉が、帰ってくる（回来してくる）ときに伴ってくる未来を感じ取っていくことを意味します。これが感応道交です。竜宮城という暗在的な世界における居場所の〈いのち〉の自己組織が未来の可能性を生成して、明在的な空間に帰って来た浦島太郎を玉手箱から煙として生まれる場によって包んでくるという物語は、このことと関係があるかもしれません。

身体を構成している細胞は、それを全体から切り離した状態にすると、とても弱くて死にやすいのですが、全体の中にいると元気に生きていくことができます。それは、細胞が、場としての全体から与贈される〈いのち〉に包まれて護られているからであると考えることができます。これに関係があると思われることですが、曽我量深は、浄土による救済は、客観的な時間の上での未来ではなく、本願が衆生に誓う未来、すなわち「純粋未来」に出現すると言いました（本多弘之「〔濁浪清風〕親鸞教学の現代的課題――法蔵菩薩（12）」二〇一四年三月一日）。上に説明したように、場の未来からの回来は、内在的世界において自己組織された居場所の〈いのち〉が、〈いのち〉の与贈循環によって、居場所を構成している個としての〈いのち〉を未来の方から包んでくる、感応道交です。〈いのち〉のドラマには、一般に二種類の力が活いています。空間的に広がろうとする力と、未来を開いて進もうとする力です。空間に広がろうとする力は、〈いのち〉の自己組織によって〈いのち〉の居場所に生まれ、また未来に進もうとする力は、〈いのち〉の居場所（舞台）で自己組織されたその〈いのち〉が、未来の方から生きもの（役者）に回来してくることによって生まれます。実際、内在的世界における居場所の〈いのち〉の自己組織が〈いのち〉の与贈循環によって外在的世界に伝えられる感応道交によって、空間的に広がりながら時間的に未来に向かって進む、〈いのち〉のドラマの型が生まれます。地球に、生物進化という〈いのち〉のドラマがおきてきたことは、このことを示しています。

内在的世界における〈いのち〉の自己組織3——パウロの手紙

多細胞生物の形態形成と比較しながら考えることができるのが、「パウロの手紙」として聖書に収録されている、パウロ自身の内在的世界における経験です。実際、パウロは、人間の活きを生み出している身体の多様な部分の活きと比較しながら、教会という居場所に生まれる信徒の多様な活きに意義があることを、説明しています（「コリントの信徒への手紙一」一二・一二―二六）。

パウロは、ペトロをはじめとする十二人の使徒のように、キリスト・イエスの直接的な弟子ではありません。彼はペトロと同時代に生きていた人ですが、イエスに直接的に会ったこともなく、イエスに反対する立場に立つ有能なパリサイ人《びと》としてキリスト教徒を迫害していた人です。

パウロが自ら望んで、ダマスコという都市のキリスト教徒を迫害する旅に出ていたときのことです。パウロの一行が目的地のダマスコに近づいたときに、突然強烈な光が彼らを照らしたために、パウロは目が見えなくなって地に倒れました。そのとき彼の耳に、「サウル、サウル、なぜ、わたしを迫害するのか」という声が聞こえてきました（サウロはパウロの旧名です）。そこで彼が「主よ、あなたはどなたですか」と尋ねたところ、「わたしは、お前が迫害しているイエスである」との声が聞こえました。その後、その声はパウロにダマスコへ行っておこなうこととして、幾つかの指示をしました。そしてイエスによって指示された通りのできごとが続いて、目から鱗のようなものが落ちて視力も回復したことから、パウロは自分がそれまで否定し続けてきた「イエスの復活」を信じないわけにはいかなくなったのです。

彼はヘレニズム文化の影響を受けたタルソという土地で育った在外のユダヤ人であったために、ユダヤに育ったユダヤ人とは異なって、広い国際的な視野をもっていましたから、まだ「ユダヤ人の宗教」という殻を捨てきれなかった当時のキリスト教徒の心理的な壁を乗り越えて、世界宗教としてのキリスト教を当時のヨーロッパに三度も伝道してまわり、最後にローマで殉教したと言われています。

パウロは、ローマ人としての国籍をもち、ギリシャ語を自由に話したり書いたりすることもできたために、彼が各地の信徒に書いた手紙であることが証明されているものが、聖書に七つ収録されています。このように彼自身が一人の人間として悩み、そして、イエスの復活を信じないわけにはいかなくなって転向し、その生涯を捧げて行動した記録という意味からも、また「イエスの復活」とはどういうことかを考える意味においても、さらには一人の人間が真摯に生きた人生の記録としても、パウロの七つの手紙は非常に重要な意義をもっています。科学的思考とは全く縁のない日本の縄文時代にあたるこの時代に、他の地域の人びとがどのように思考をし、できごとをどのように理解していたのかを知る上でも、パウロの手紙は非常に心を惹かれるものです（曾野綾子『心に迫るパウロの言葉』一九八九年）。たとえば「ローマの信徒への手紙」（八・八－一一）には、次のようなことが書かれています。

肉の支配下にある者は、神に喜ばれるはずがありません。神の霊があなたがたの内に宿っているかぎり、あなたがたは、肉ではなく霊の支配下にいます。キリストの霊をもたない者は、キリストに属していません。キリストがあなたがたの内におられるならば、体は罪によって死んでいても、〝霊〟は義によって命となっています。もし、イエスを死者の中から復活させた方の霊が、あなたがたの内に宿っているなら、キリストを死者の中から復活させた方は、あなたがたの内に宿っているその霊によって、あなたがたの死ぬはずの体をも生かしてくださるでしょう。

ここで「肉」とは、生きものとしての人間を外在的（明在的）に生きている肉体として捉えることであり、「霊」とは、〈いのち〉という活きとして内在的（暗在的）に捉えることです。そして、大きな〈いのち〉の居場所に自己組織される居場所の〈いのち〉に、生きものとしての信徒を支配する秩序パラメータとしての「〈いのち〉のシナリオ」の活きをするものが「神の霊」です。したがってこの手紙は、「〈いのち〉のスレービング原理」が存在して、信徒の〈いのち〉に内在的に活いていることを指摘しているのです。

また、「コリントの信徒への手紙一」（三・一六－一七）では、次のような表現で、信徒の内在的世界には「〈いのち〉のスレービング原理」が活いていることを説明しています。

あなたがたは、自分が神の神殿であり、神の霊が自分たちの内に住んでいることを知らないのですか。神の神殿を壊す者がいれば、神はその人を滅ぼされるでしょう。神の神殿は聖なるものだからです。あなたがたはその神殿なのです。

ここでは、神の霊としてのキリスト・イエスが、信徒の内側から道（能動的な〈いのち〉のシナリオ）を示して魂を導いていると考えているのです。居場所全体の活きが、個々のモナドに能動的なシナリオとして現れると考えなければ、多細胞生物における細胞の活きや、パウロの手紙を深く理解することはできません。実際、イエス自身も「わたしは道であり、真理であり、命である」と言っています（「ヨハネによる福音書」一四・六、門脇佳吉『道の形而上学――芭蕉・道元・イエス』一九九〇年）。神の活きを、内在的な大きな〈いのち〉の居場所から迷える子羊への「〈いのち〉のシナリオ」の与贈と考えることもできるでしょう。外在的世界で肉の支配を受けて生活してきた者が、大きな〈いのち〉の居場所において霊の支配を受けて生活するように変わるということは、神の愛に包まれて生きるということです。それは、具体的には、大きな〈いのち〉の居場所との〈いのち〉の与贈循環の中で生きるようになるということです。そのために必要なことは、自己の〈いのち〉を大きな居場所に与贈することです。与贈しなければ、与贈されません（与贈が贈与と異なるのは、すでに説明したように、贈与の場合は贈与をした者の名前なり姿なりを残そうとしますが、与贈の場合は、〈いのち〉を自分自身への関心から切り離しておこなうものであるために、自分の名前も姿も消えるのです）。

〈いのち〉の居場所に共存在する生きものは、内在的世界において自己組織されるその居場所の〈いのち〉に包まれつつ、かつ、その居場所の〈いのち〉がその内在的空間において、各個人の〈いのち〉の活きに秩序パラメータ（自己組織された秩序に誘導する活き）として出現することから、個人がそれを包んでいるという表現も成り立ちます。このことはパウロが指摘するように、キリスト教徒が神の活きとしての愛に包まれつつ、かつその身体は神の神殿としてその内に神の活きをいただいていることに対応しています。

イエスが偽証によって死に追い込まれようとしている土壇場で、言葉を翻して逃げ出した使徒たちの罪、嘘の証言をしてイエスに死をもたらした多くの人びとの罪、それらの人びとを含むすべての人間の罪をすべて背負い、そしてその罪の許しのために、イエスは十字架上に自らの死を選びました。聖書の「使徒言行録」によると、使徒たちの間で、このように自分の〈いのち〉をすべての人びとに与贈しつくして死んだイエスを裏切ったことへの痛切な反省が生まれて、イエスが暗在的な〈いのち〉の居場所から、いまも自分たちを包んで導いているという理解がペトロの主導によって使徒たちの間で進みました。そして、使徒たちの居場所で〈いのち〉の与贈が始まり、まるで台風の目のような強烈な〈いのち〉の与贈循環が生まれて広がっていったものと思われます。このことによって、〈いのち〉の居場所の支配者としてのイエスが意識され出して、秩序パラメータに相当する活きとして、イエスが内在的世界から使徒たちの〈いのち〉を支配し始めたのが、最初に使徒たちが経験した「イエスの復活」であろうと思われます。

仏教文化に親しんでいる日本人には「感応道交」という言葉が感覚的に受け入れやすいのですが、一神教としてのキリスト教の影響を受けている人びとには、このようにスレービング原理に結びつけて話す方が納得しやすいかもしれません（感応道交か、スレービングかということが、伝統的な宗教の型として、現代でも人びとの深層意識に重要な影響を与えている可能性がありますが、ここではその可能性を指摘しておくだけにしておきます）。

聖書に書かれている初期キリスト教の発生は、信徒たちの暗在的な内在的世界においても〈いのち〉の自己組織によって秩序が生まれて、〈いのち〉の与贈循環をともなうスレービング原理（正確には「感応道交」）が成り立っていることを示しています。イスラーム教においても、神と人との関係は主人と奴隷の関係であり、スレービング原理がユダヤ教のようにさらに厳格に成り立っています。

本書は宗教の書ではありません。まして、どの宗教がよく、どの宗教が悪いと論じるつもりは、私にはありません。しかし、「生きていく」という生きものの存在のあり方を明らかにするためには、外在的世界ばかりでなく、内在的世界も踏まえる必要があり、人びとが体験的に摑んだその内在的世界の法則を示すものとして、二千年以上にわたって多くの人びとが受け入れてきた宗教的真理は、「暗在的な世界における〈いのち〉の法則を、それぞれの文化と言葉によって映している」と考えることができると、私は思っています。

共存在とその原理

内在外在両世界の相補的関係

古典天文学の宇宙観が天動説から地動説へと根本的に転回したことが、西洋の歴史を中世から近世へと大きく変えていく原因となりました。文明の基盤となる人間の存在がこのように根本から変わることが、文明にコペルニクス的転回を引きおこすのです。この天動説から地動説への変化によって、それまでの大地を覆って東から西へと回転する「宇宙という天蓋」に代わって「宇宙という存在空間」が新しく発見され、大地は地球という一個の天体として、他の天体と同様に太陽の周りを回っていることが明らかにされました。この天体の共存在空間としての宇宙の発見が、人間の伝統的な存在を根本から変えてしまう新しい存在空間の発見にもなったと、私は考えてきました（『コペルニクスの鏡』）。

この場合に限らず、文明のコペルニクス的転回には必ず、人間の存在基盤の根本的な変化を伴います。そして、そのためには、新しい存在空間が発見されなければなりません。そこで、一般に新しい存在空間がどのように発見されるかを考えてみると、共通の法則があることが分かります。分かりやすく言うと、自分たちが存在している存在空間と他の者たちが存在している存在空間とは別であるという考え方から、自分たちも他の者たちも共に同じ存在空間に存在しているという考え方へと変わるのです。

古典天文学における地動説によっておきた宇宙空間の発見は、厳密に言えば人間と主客に分かれた「科学的宇宙」の発見に相当します。これはいわば、人間の前に外在的世界への扉が開かれたということです。しかしそれで終わることなく、二十一世紀における文明の転回においては、さらに新しい存在空間への扉が開かれていくことでしょう。

これからおきていく文明の転回にむけて、実はすでに新しい存在空間の発見が進んでいる可能性があります。その存在空間は、人間の存在が地球に生きている様々な生きものの存在と何らかのつながりをもち、人間と様々な生きものとが地球の上で共存在できる存在空間です。それは、「支配し、コントロールする」というこれまでの「力の論理」を捨てて、人間が様々な生きものと地球の上で共に存在できる、新しい存在空間の発見に向かうということです。

言い換えると、これまで人間は、自分たち以外の生きものが外在的世界に生きているとして、生きものをその外側から眺めてきたために、——科学的観察がすべてそうであるように——生きものが生きていることを現象として捉えてきました。「共生」という言葉の裏には、多様な生きものが生きている状態を現象として見る、「多から一へ」というものの見方が隠されています。

しかし、人間を含めたすべての生きものが地球を共通の居場所として存在している状態を、もはや外側から「現象」として捉えるだけではすみません。同じ存在空間に共に生きていく「共存在」として捉えなければならないのです。共生は共に生きている現象ですが、共存在は「存在」です。それは同じ居場所を舞台として多様な生きものが、共に〈いのち〉のドラマを演じながら持続的に生きていく（存在していく）ことです。共存在では、多様な生の表現のみならず、死の共有も、また〈いのち〉のドラマを進めるために欠かすことができない重要なできごととなります。

この新しい共存在空間は地球の上で多様な生きものによって〈いのち〉のドラマが演じられていく空間ですから、少なくとも、〈いのち〉の居場所としての内在的世界を基盤にして、「一から多へ」という形が生まれていることが必要です（『近代文明からの転回』）。自分たちだけの存在空間を、ガン細胞のように、外在的世界としての地球にどこまでも広げていこうとするこれまでの人間の存在のあり方を根本的に乗り越えることができなければ、人間がこの先長く存在を続けていくことは、原理的にも不可能です。これから本書で考えていくように、〈いのち〉は、死の媒介によって、種や類を越えて、存在空間としての地球を絶えず循環していなければ継続しないからです。広い海洋や空をはるばる旅する多くの動物たちの懸命の努力は、地球における共存在のためと見ることもできるのではないかと思われます。

人間は、〈いのち〉の共存在空間としての地球に、野生の生きものたちと一緒に生活する能力を失っています。そこで考えなければならないのが、野生の世界との境界をどのようにつくるかということです。分かりやすく言えば、それは人間の領域と野生の領域という二つの領域を相互整合的な関係にする、里山のような境界をもつ居場所づくりをすることです。そのように考えてみると、卵モデルによってイメージを摑むことができます。人間の居場所として新しく生まれる存在空間は器の壁の内側に相当し、その内在的世界は白身の場に相当するもので、里山における〈いのち〉を選択して通過させる〈いのち〉の半透膜のような器の境界によって、その外側の世界である野生の共存在空間とつながった世界です。〈いのち〉は、双方の側からこの境界を越えていくことができなければなりません。そのことから、新しい存在空間は、〈いのち〉の活きによって外とつながることができる、内在的世界を基盤にしていなければならないことが分かります。一言で言えば、〈いのち〉の居場所としての「地球の〈いのち〉」に合わせて人間が存在する文明を創造するということです。

地球上の様々な生きものの間にも、また人間の間にも、多様な競争があることは事実です。しかし、そのことから、近代科学が生きものの世界は競争原理に支配されていると結論し、それを人間の社会に適用してきたのは、論理的にも飛躍で、大きな誤りです。この誤りがこれまで続いてきたのは、存在の天動説によって、自己中心的観点から、人間を含めた生きものの世界を見てきたからです。存在の天動説が、〈いのち〉の万有引力に相当する〈いのち〉のつながりの論理をもっていないために、自己中心的な防御反応が生まれ、競争を競争原理に結びつけて解釈してきたのです。このような自然の解釈の根底には、アトミズム——アトムからの力による自然の構成原理「多から一へ」があります。

存在の地動説から、あらためて捉えると、地球という生きものの居場所では、非常に多くの多種多様な生きものが共存在しているという否定できない現実が目に入ります。その現実を受け入れると、居場所としての地球に活いているのが共存在原理であることを、認めないわけにはいかなくなります。そして多種多様な生きものの間に成り立っている、共存在の微妙なバランスが、生きものたちの間でおこなわれる協力と競争によって保たれていること——持続可能性が生きものの間の協力と競争によって成立していること——が、明らかになってきます。

一方で、適度の競争によって個の〈いのち〉の間に適度の乖離が生じ、そしてその他方で、居場所の〈いのち〉の自己組織を通じて、個の〈いのち〉の存在の間に協力が生まれるために、個の多様な主体化とその共存在がおきているのです。見えてくるものは、〝天動説をとれば競争原理、地動説をとれば共存在原理〟です。このことは、これからの国家や国際的な企業の間の関係についても成り立つ重要な法則です。言うまでもありませんが、この文明の天動説から地動説への転回は、政治の力によって止めたり、逆転させたりすることはできません。

居場所の〈いのち〉の生成原理

「命をつなごう」という言葉を、最近あちこちで見受けるようになりました。東日本大震災の被災地の復興を目指して言われ始め、最近では過疎化した各地の復興においても、〈いのち〉をつなぐことが重要であると考えられるようになってきたのです。これまで書いてきたことから分かるように、それはインターネットや携帯電話、あるいは大勢でおこなう綱引きや縄跳びのようなイベントによってつながることではありません。それらは一つの群れをつくるように活くことから、もしもそれだけなら、主体の自由を認めない方向に活き、個人的なトラブルやいじめをつくりだしたり、または一時的な満足に終わって長続きしなかったりするのです。命をつなぐということは、多様な生きものの〈いのち〉を損なわない共存在の形をつくるということです。したがって共存在とは、多様な〈いのち〉がめいめい勝手に居場所に存在していることとは異なって、居場所との〈いのち〉のつながりを通して、互いの存在を助け合う関係を共創しながら主体的に存在していくことです。

人間の手が入った人工的な植物の居場所を、自然の居場所と比較してみると、人工の居場所には自然らしさが欠けていることにすぐ気づきます。そこで一体なぜ自然らしさを感じさせないかを考えてみると、自然の居場所では、様々な植物が入り交じって共存在しているのに、人工の居場所では、多様な生きものが人工的な「垣根」によって分けられて存在しているからであることが分かります。多様な生きものが入り交じって共存在しているときには、生きものそれぞれが〈いのち〉という原点に回帰して、(フェルミ粒子として)生きていく形を共創していると、私は考えています。それはどういうことかというと、一つの種の生きものが死ぬときに、その生きものがもっていた〈いのち〉を、他の種の生きものがリレーのように受け継いで、(〈いのち〉の居場所に)〈いのち〉を持続していくということです。このように種を越えて〈いのち〉を循環的にリレーしていく形ができなければ、〈いのち〉の居場所から〈いのち〉が消えてしまいます。

したがって、四季の変化を越えて〈いのち〉を持続していくために、その居場所に集まっている多種の生きものが〈いのち〉をつなぐ方法を、居場所の状態と生きものの種類に応じて創り出さなければならないことになります。このように、〈いのち〉につながりがあるからこそ、生きものは居場所に共存在することができるのです。「命をつなごう」とは、「〈いのち〉をつなごう」ということです。

ここで重要なことがあります。それは、卵モデルでは黄身同士が直接的につながることがないように、ある生きものの〈いのち〉と別の生きものの〈いのち〉とは、双方が生きている状態のままでは、直接的にはつながらないということです。〈いのち〉をいったん個体の外へ出さなければ、次の個体へは伝わりません。個の〈いのち〉が直接的につながらないために、生きものはそれぞれ別々に生まれて、別々に死にます。自然の居場所でも、たとえば枯れ葉が地に落ちて、大地（地球）に受けとられ、バクテリアによって分解されることによって、——居場所としての地球の〈いのち〉を通じて——種を越え類を越えて、〈いのち〉が受け渡されていくのです。海鳥が海に泳ぐ魚を捕食して個体としての〈いのち〉を続けていく場合も、魚の〈いのち〉が魚から離れることで、はじめてその〈いのち〉を継続していくことができます。これを魚の方から見れば、自分が受けとってきた〈いのち〉をさらに持続するために、〈いのち〉の居場所としての地球に、その〈いのち〉を与贈したことになります。その〈いのち〉がどのように持続されていくかは、〈いのち〉の居場所としての地球の活きに属することです。

生きものの個の〈いのち〉がつながるということは、直接的につながるのではなく、居場所の〈いのち〉を媒介（橋渡し）にしてつながるということなのです。つまり、生きものの〈いのち〉と居場所の〈いのち〉がつながることから、居場所の〈いのち〉を共通のつなぎ手にして、異なる生きものの個の〈いのち〉がつながるのです。たとえば、家庭には「家庭の〈いのち〉」が生まれ、それが居場所の〈いのち〉として、家族の〈いのち〉をつなぐ活きをします。舞台という居場所があってこそ、その上でなされる役者の〈いのち〉の表現が、舞台から状況的な意味を得てつながるのです。上のような考察から、生きものの〈いのち〉がつながるためには、居場所に「居場所の〈いのち〉」が生まれる必要があると結論できます。このことから、「どうすれば居場所に〈いのち〉が生まれるか」ということが、〈いのち〉をつなぐために——居場所における生きものの共存在のために——、最も重要な問題になります。

以下には繰り返しを含みますが、大切なことですから、復習をかねて確認してみることにしましょう。〝居場所の〈いのち〉は、生きものが居場所に与贈した〈いのち〉から、自己組織的に生成される〟。これが、これから本書ではじめて提示しようとする、「居場所の〈いのち〉の生成原理」です。ここで言う〈いのち〉の与贈とは、生きものが自己の能動的な活きとしての〈いのち〉を、見返りを期待することなく（贈り手の名をつけずに）居場所に差し出すことです。「居場所に差し出す」というところが、（贈り手の名をつけて）「生きものに与える」贈与や寄付とは異なっています。また、居場所がその〈いのち〉を生きものに差し与えることも、居場所からの〈いのち〉の与贈です。そして生きものから居場所への〈いのち〉の与贈と、居場所から生きものへの〈いのち〉の与贈が循環的におきて〈いのち〉のドラマを進めていくのが、これまで説明してきた「〈いのち〉の与贈循環」です（『コペルニクスの鏡』）。

このように、居場所の〈いのち〉は、居場所に与贈される生きものの〈いのち〉から自己組織的に、つまり自然《じねん》に生まれてきます（ここで「自然《じねん》」とは、目に見えない暗在的な形で自然《しぜん》に進む変化であるということを意味しています）。居場所となる場所への生きものからの〈いのち〉の与贈がなければ、（下宿人が〈いのち〉を与贈しない下宿のように）居場所の〈いのち〉は生まれません。ここが家庭へ〈いのち〉を喜んで与贈する家族の場合と異なっているところです。居場所の〈いのち〉の自己組織は、居場所に生まれる自然《じねん》の活きですから、その自然《じねん》に進む変化を、生きものが直接的に進めたり、直接的にコントロールしたりすることはできません。できることは、自己の〈いのち〉の与贈を進めたり、少しセーブしたりすることだけです。〈いのち〉の自己組織が見えない暗在的な形で進む結果として、居場所には、生きものの個の〈いのち〉と居場所の〈いのち〉という「〈いのち〉の二重性」が生まれます。これはこれまで私が「二重生命」と表現してきたものと、内容的には同じものです。この二重生命の形が共存在の形です。

〈いのち〉ある地球と共存在原理

たとえば、多数の細胞の〈いのち〉から個体の〈いのち〉が自己組織的に生成したり、家族の〈いのち〉から家庭の〈いのち〉が自己組織的に生まれるときの、原理と法則を明らかにすることが、〈いのち〉の科学の重要な課題です。そして、地球に存在している多様な生きものの〈いのち〉から、その〈いのち〉の居場所としての地球の〈いのち〉が自己組織するときの原理と法則を解明することが、最も重要なテーマです。

地球を〈いのち〉の居場所として考えるときにおきる疑問は、〈いのち〉の居場所としての地球に、居場所の〈いのち〉が存在しているか否かを、どのようにして判断すればよいかということです。もしも居場所の〈いのち〉が地球になければ、「地球の形而上学」としての〈いのち〉の科学という試みは無意味になり、そして、〈いのち〉の科学の応用範囲は限られたものになることでしょう。

このことを判断する方法を分かりやすく言えば、地球をドラマの「舞台」とし、すべての生きものを「役者」とした「〈いのち〉のドラマ」が持続的に進んで、〈いのち〉が地球にリレーのように伝えられていくかどうかを調べてみることになります。もしもこの「〈いのち〉のドラマ」が続いているなら、〈いのち〉の二重性（二重生命）が地球に存在していることになりますから、〈いのち〉の居場所としての地球の〈いのち〉が、「〈いのち〉のドラマ」によって自己組織的に生まれ続けていると結論することができます。

居場所の〈いのち〉が自己組織されながら存在していることから、後で説明するように、次の性質が居場所に生まれます。

(1) 居場所の構造（居場所としての明確な境界）が存在し、そこで生きものが生きていくためには、その存在意義（役割）が居場所に位置づけられて「〈いのち〉のドラマ」（居場所における生活史の創成）に参加している。

(2) 居場所の〈いのち〉が、その居場所に存在する生きものの内部から本質的に同一の「〈いのち〉のシナリオ」として活き、個の〈いのち〉を、「〈いのち〉のドラマ」という〈いのち〉の持続的な自己組織に向かわせる（ただし個としての生きものの具体的な活きは、個の拘束条件によって変わるので多様になる）。

(3) 居場所において死ぬ生きものの〈いのち〉が、その居場所で誕生する生きものの〈いのち〉に持続的につながっていく（生きものの個体としての生命は切れても、存在を持続させる能動的な活きとしての〈いのち〉は居場所の〈いのち〉に媒介されてつながっていく）。

(4) 居場所に存在する生きものの一部の個の〈いのち〉が、短い時間不在になっても、居場所の〈いのち〉は継続する。

これらの性質が身体という居場所と細胞という生きものの間に成り立つことは明らかですが、家庭と家族、そして企業体とその従業員の間でも成り立っていますし、また地球においても成り立っていることから、地球には居場所の〈いのち〉があると、私は判断しています。

これらの性質の内で、（3）が決定的に重要です。（4）はそれに準じます。また（2）は、すでに説明したように、居場所の〈いのち〉が自己組織されることから生まれてくる活きですが、パウロの手紙や、ライプニッツのモナドロジーにおける予定調和を理解する上でも重要です。これらのことから、私は、〈いのち〉の科学は「地球の形而上学」になることができると考えているのです。

居場所の〈いのち〉が自己組織されるときに、つまり自然《じねん》に生まれるときに、生きものの〈いのち〉もつながります。それは、〈いのち〉の自己組織にともなって、居場所の〈いのち〉が個の〈いのち〉を媒介してつなぐ活きをする「〈いのち〉の与贈循環」がおきるからです。

居場所の〈いのち〉の自己組織が続いている間は、（自己組織現象の性質として、循環していると一般的に言えることですが）居場所では〈いのち〉の与贈循環が続いています。そして居場所から与贈される〈いのち〉に生きものの〈いのち〉が包まれることから、生きものの〈いのち〉のつながりができて、生きものは居場所に共存在できるのです。〈いのち〉の自己組織が止まると、〈いのち〉の与贈循環も止まり、居場所の〈いのち〉が消えていくので、生きものは居場所に共存在できなくなります。それは、〈いのち〉の自己組織が続いている間は、生きものに「〈いのち〉のシナリオ」が与贈されていますが、そのシナリオが消えてしまうからです（生きていくことが難しいと感じるときには、共存在のために自分に与贈されている「〈いのち〉のシナリオ」に気づくことが大切です）。

まとめると、居場所における〈いのち〉の暗在的な形での自己組織にともなっておきる「〈いのち〉の与贈循環」によって、居場所における生きものの共存在が――居場所において生きものの〈いのち〉が互いにつながる状態が――生まれる。また、〈いのち〉の自己組織が止まれば、〈いのち〉の与贈循環も止まり、〈いのち〉のつながりが切れていくので、生きものは共存在できなくなる。これが「〈いのち〉の共存在の原理」です。

人間が地球を主客分離的に切り離して認識し、人間中心的な近代文明を創造したことによって、〈いのち〉の居場所としての地球への人間の〈いのち〉の与贈を止めることになり、その結果、人間は地球における〈いのち〉の与贈循環から外れて――地球における共存在者としての前述の性質(1)から外れて――、地球のガン細胞的存在になってきたのです。人間と地球との主客非分離的関係を復活させることが、存在の危機を逃れるために絶対に必要です。

〈いのち〉の居場所に現れる能動性

居場所としての〈いのち〉が居場所に自己組織的に生成すれば、その〈いのち〉がもっている「存在を持続しよう」とする能動的な活きが居場所に現れます。このことは、家庭、組織、企業、地域社会、国家など、様々な大きさと種類の〈いのち〉の居場所が一般的にもっている性質として、広く認められるところです。

〈いのち〉の居場所としての地球に、居場所の〈いのち〉が自己組織されているならば、地球にもその〈いのち〉を持続しようとする能動的な活きが生まれて、それが地球の構成要素である生きものの存在に影響を与えていくと考えられます。たとえば千年二千年という時代の波をくぐって世界的に持続してきた宗教は地球のその〈いのち〉の活きをある程度捉えていると、私は思っています。また〈いのち〉を持続させようとする地球の活きは、人間以外の様々な生きものの存在にも、相当な影響を与えているはずです。たとえば、地球に存在している生きものの存在の仕方に、「共に生きていく（広い意味での）倫理」を与えている可能性が考えられます。人間以外の生きものも、それぞれの「生命倫理」に相当するものを受け入れて生活している可能性を否定できません。いずれにしても、地球における〈いのち〉の持続可能性という問題は、このような「生命倫理」に関係する問題であると考えられます。

〈いのち〉は存在を持続しようとする能動的な活きですが、居場所としての〈いのち〉が地球にも自己組織されているならば、その〈いのち〉の能動的な活きには、次の理由によって学習と創造の能力が備わっていなければなりません。地球は事実として複雑系であるために、すぐ先にどのような状態が出現するかは無限定です。それも、未経験な状態である可能性が大きいのです。したがって、能動的な活きとしての地球の〈いのち〉は、そのような無限定な状態のなかで存在を持続していくことができる能力を必要とします。それは分かりやすく言えば、「地球の免疫能力」に相当するものです。私たちの身体には免疫能力があり、新しいウイルスの出現によって生まれる危機を創造的に乗り越えることができます。それを一口に言えば、過去の経験を生かしながら、未知の新しい困難を乗り越える創造的能力を維持していくことです。そのために必要なことは、環境の変化に対応して、旧い細胞が新しい性質の細胞に入れ替わっていくことです。これと同様なことが地球にも言えます。すなわち、生きものにとって自己の死は、一つしかない自己の〈いのち〉が永遠に消えることですが、〈いのち〉の居場所としての地球にとっては、それはその創造性を維持していくための〈いのち〉の能動的な活きそのものなのです。つまり、二重生命状態における生きものの死は、〈いのち〉の居場所としての地球への生きものの〈いのち〉の純粋な与贈なのです。

現代社会で広く認識されているように、居場所の〈いのち〉に包まれていない一重生命の状態における生きものの死には、〈いのち〉の消滅による生きものの物質化という意味しかありません。しかし、地球の〈いのち〉を自己組織している生きものの死は、〈いのち〉の居場所としての地球への、自己の〈いのち〉の還元の活きになります。実際、地球は多種多様な生きものの〈いのち〉の居場所になっているために、生きものの死は、単にある種やある地域の持続のためにあるのではなく、種や類を越えて、〈いのち〉が〈いのち〉の居場所としての地球の上で循環しながら持続されていく活きをもっています。言い換えると、生きものの死は、種や類を越えて、地球に〈いのち〉を持続させる活きをもっているのです。このことは、個体レベルの死生観から離れて、〈いのち〉そのものの活きを見れば明らかです。

人間の死が、人間的な組織や、民族や、国家の範囲に留まらず、類や種を越えて地球に開かれているかどうか、つまり地球上の生きものの共存在とその持続にどのように関係しているかが、その死が地球的な意義をもっているか否かを決めます。地球的な死の論理は、種や類を越えた生きものの共存在の論理、すなわち弱い生きものが持続的に存在できる「弱者の論理」になっているはずです。それが、地球の〈いのち〉の能動性と整合的な、「共に生きていくための倫理」なのです。

宗教は、命の真理に立つものではなく、〈いのち〉の真理に立つものです。祈るとき、人は〈いのち〉の共存在原理を受け入れた一個の弱者として、暗在的な世界を見ることができないこの我に「〈いのち〉のシナリオ」を与え給えと、自己の〈いのち〉を与贈しているのです。

パウロについてはすでに説明しましたが、彼の「コリントの信徒への手紙二」（一二・五－一〇）には、弱さに関する次のような有名な言葉があります。主を〈いのち〉の居場所としての地球、キリストをその居場所の〈いのち〉と読み替えると、共存在を願う弱者の論理とつながります。

主は、「わたくしの恵みはあなたに十分である。力は弱さの中でこそ十分に発揮されるのだ」と言われました。だから、キリストの力がわたしの内に宿るように、むしろ大いに喜んで自分の弱さを誇りましょう。それゆえ、わたしは弱さ、侮辱、窮乏、迫害、そして行き詰まりの状態にあっても、キリストのために満足しています。なぜなら、わたしは弱いときにこそ強いからです。

弱者の論理と強者の論理

〈いのち〉のドラマが継続して続くためには、次の三つの条件を満足していることが必要です。

（1）「舞台」における「役者」の存在が、互いに分離しない。
（2）死と生とが分離されず、種と類を越えて〈いのち〉が持続できる。
（3）「舞台」と〈いのち〉の居場所としての地球の間には、「観客」となる里山のような境界が存在する。

人間が地球において多様な生きものと持続的に共存在して生きていく「〈いのち〉のシナリオ」は、この三つの条件を満たしていなければなりません。

これらの条件を満たすためには、強さではなく、互いの弱さを大切にして生きていくことが必要です。弱者を切り捨てないということが、多様性を包みながら、〈いのち〉の居場所の隅々にまで合わせながらドラマを進めていく活きを生み出していくのです。生きものは、もちろん人間を含めてですが、まかり間違えばいつどこで死んでもおかしくない、「死と隣り合わせの状態」で生きています。言い換えると、生きているかぎり、常に「〈いのち〉という弱さ」をいだいています。したがって、この弱さが露出しないように、外在的世界に対して防御を固めて生きています。しかし、内在的世界に対しては、防御の方法がありません。したがって、〈いのち〉の居場所を共有するということは、互いの弱さを隠さず共有することになります。そのことによって、他者が自己の内在的世界に位置づけられて、互いの間に信頼感が生まれ、それぞれが〈いのち〉の居場所の〈いのち〉に包まれて、弱さを守られることになります。〈いのち〉の自己組織を地球と人類の未来のために活かすには、「弱さとしての〈いのち〉のつながりを大切に」、そして「すべてを主役に」という、「弱者の論理」が必要なのです。

これに反して弱さを隠すと、たがいに他者を外在的世界として位置づけることになるために、互いに自己防御的になり、他者を支配しようとして強さを競うことになって、争いが生まれてしまうのです。第一次世界大戦を泥沼のようにヨーロッパに拡大させてしまった原因は、十九世紀の後半に、人間が強さを自覚したことにあったと言われています(シュテファン・ツヴァイク『昨日の世界』I・II、一九九九年)。

弱者の論理については、すでに先の「〈いのち〉の居場所に現れる能動性」の項で、パウロの手紙を引用しながら簡単に説明していますが、あらためて考えてみましょう。弱者の論理の人びとと強者の論理の人びとが、同じ居場所に存在していたとします。そこで両者がぶつかったときに、〈いのち〉の自己組織論において、一体どちらのシナリオが秩序パラメータとなって全体を支配することになるかという問題が、これからの地球を考えていく上で、非常に重要になることは言うまでもありません。たとえば以前の日本では、弱い気持ちを勇気のない話として押しつぶしてしまうような雰囲気が生まれていたことを考えると、強者の論理の方が勝つように思われるかも知れません。しかし、その結果は、居場所の状況によって変わります。

居場所となる所に未開の地が多くあるときに、その地に進出しようとすれば冒険が必要であり、またその冒険には競争がついて回ることが多いものです。そのような場合には、もちろん、強者の論理が必要になります。しかし、現在の地球のように、未開の地がほとんどなくなってしまうと、もう大きな冒険はほとんどなく、居場所である地球に生き続けることが、重要な課題になります。持続可能性も、このような課題です。そこであらためて、弱者の存在に様々な方向から光が当てられることになり、そして弱者こそが、強者を含めてすべての存在の鍵を握っていることが次第に理解されてきます。つまり、もう「舞台」が広がることはなく、すでに限られているのです。その限られた「舞台」における〈いのち〉のドラマのシナリオを、強者の論理と弱者の論理でそれぞれ自己組織的に創りあげていくことになるのですが、そこで秩序パラメータとして必要になってくるのは、より多くの役者を舞台に上げるということです。強者の論理は舞台から弱者を排除してしまいます。しかし、弱者の論理は弱者も強者も区別なく含めるために、もはや強者弱者という概念自体が意味を失うようになります。

強者が弱者を切り捨て、ふるい落としながら、ますます強大化していく現在の資本主義経済の強者の論理が、「舞台」に上がることができない弱者の反乱を受けているのが、欧米からも多数参加する現在のＩＳの問題の根にあるのではないでしょうか。また、以上のことから明らかなように、〈いのち〉の居場所としての地球の持続可能性は、弱者の論理でなければ実現できないのではないでしょうか。

弱さという大切なもの

私たち生きものは誰に見せようとも思わず、
自然の中にいつも自然として、
そのまま一緒に地球に存在してきて、
満ちすぎることも、また欠け過ぎることもない。

同じ生きものでも人間は、
どれほど頑張っても、また何を考えてみても、
いつも自然からはみ出してしまい、
どうしても一緒に地球に存在できない。

何故なんだろうかと、地球にこっそり尋ねてみた。

すると、低気圧が北の海で非常に発達した寒い日の午後に、
「互いの弱さを大切にするものは自然の仲間になることができる。
でも人間は弱さを隠して軽蔑し、強い顔して互いに争う。

だから誰とも仲が悪くてね、自然の中にはいられないのさ」と、冬風のとても大きなため息とともに、地球は答えてくれた。

システム論を越えて死と生を捉える

すでに「〈いのち〉の居場所に現れる能動性」という項で、生きものが一重生命（一重の〈いのち〉）の状態で死ぬときと、二重生命（二重の〈いのち〉）の状態で死ぬときの差を、地球の〈いのち〉という観点から、少し一般的に考えました。そしてここまで来て、私たちは観点を生きものに移して、その死と生を、〈いのち〉の生成との関係から具体的に捉えることができるようになりました。

多細胞生物である私たちの身体では、毎日、非常に多くの細胞が死に、また新しく生まれています。私たちの身体は、その多くの細胞の〈いのち〉を、内在的世界において生み出しています。でも、なぜ細胞は死ななければならないのでしょうか。そのわけを考えると、それは細胞たちの〈いのち〉の居場所の〈いのち〉に相当する「個体としての〈いのち〉」が、自己組織され続ける状態を持続的に維持するために必要であることに思い当たります。分かりやすく言えば、身体という広さの限られた空間では、旧い細胞が死ななければ、新しい細胞が生成される余地が見つからないからです（空間的な余地がほとんど存在していない東京で、再開発と称して旧いビルが次々と壊されて新しいビルに建て替えられて、街が様変わりしていくことに似ています）。もう少し詳しく言えば、身体という細胞たちの〈いのち〉の居場所の〈いのち〉、すなわち無限定な環境のなかで個体の〈いのち〉を自己組織的に生成し続けていくためには、新しい細胞の〈いのち〉を身体に与贈し続ける必要があるのです。したがって、もしも人間の身体がガン細胞のように死なない細胞――〈いのち〉を与贈しない細胞――からできているのであれば、その身体は細胞の〈いのち〉の集合体に過ぎず、そこに個体の〈いのち〉は存在できません。細胞の死がなければ、〈いのち〉の二重性は生まれないのです。

これと同様なことが、生きものたちとその〈いのち〉の居場所である地球についても――地球の広さが限られていることから――言えます。もしも生きものが死ななかったならば、地球には〈いのち〉の居場所としての〈いのち〉は存在せず、二重の〈いのち〉が、地球を「舞台」とし、生きものたちを「役者」として演じてきた「〈いのち〉のドラマ」としての生物進化はおきなかったでしょう。近代科学としての生命科学は、もともと生命のない物質から出発して、〈いのち〉から出発しないために、死とはどのような状態なのかを議論できないという認識の限界をもっています。したがって、二重の〈いのち〉があってはじめて可能になる、地球における〈いのち〉の持続可能性を表現する理論を生命科学によってつくることはできません。

外在的世界から見れば、〈いのち〉をすべて与贈し尽くした細胞は死んで消失しますが、内在的世界から見れば、与贈された〈いのち〉が個体という居場所の〈いのち〉として、自己組織的に生成されていくことになります。言い換えると、人間の個体としての〈いのち〉は、死んでいく細胞たちの〈いのち〉によって、その自己組織性を継続的に維持されていくのです。また、すでに指摘したように、一重の〈いのち〉の状態での死は、生きものが〈いのち〉を失って物質になることですが、〈いのち〉の居場所の〈いのち〉に包まれた二重の〈いのち〉の状態での死は、生きものが個体としての〈いのち〉を与贈して、居場所の〈いのち〉の状態に戻ることです。

誤解を与えないように、言葉を慎重に選ぶ必要があります。要素とシステムというシステム論の考え方によれば、システムとしての新しい機能が生まれるためには、要素が死ぬ必要はありません。システムが、環境の状態を柔軟に取り込むことができる性質をもっていればよいわけです。実際、適切な人工知能のソフトを与えられたコンピュータには、このような機能があります。しかし生きものには、機能の他に、機能という性質によって表現できない性質である主体性というものがあります。生きものには「個体としての主体性」があり、そしてその生きものを構成している細胞にも「細胞としての主体性」がありますが、両者の主体性は異なっています。ここでの問題は、システム論で機能を考えるときのように、細胞の主体性を集めると個体の主体性が現れるという原理が発見されていないことです。もしも人間の主体性は細胞の主体性から生成するということを言いたいのであれば、まずはシステム論を使って、そのことを理論的に証明しなければなりません。しかし、それは恐らく不可能であると思われます。その理由は、システムは外在的世界における性質として議論されているのに対して、生きものの主体性は内在的世界における性質だからです。

外在的世界　限定された存在空間に位置を占める
〈いのち〉の与贈 ↓ ↑〈いのち〉のシナリオの与贈　〈いのち〉の与贈循環
内在的世界　居場所の〈いのち〉の自己組織的生成

図2　居場所における共存在の実現

共存在原理の表現

これまで考えたことを合わせて、人びとが「一から多へ」という形で居場所に共存在するときに、〈いのち〉がどのように活いているかを示すと、図2のようになります。まず、人びとは居場所としての範囲を限定された存在空間に、それぞれ位置を占めます。どこに人びとがいるかは測定できますから、これは外在的世界を共有して、そこに位置を占めるということです（空間が無限に広いと、それぞれの位置の占め方が決まらなくなり、共存在の居場所は決まらないことになります）。

この状態で、人びとが自己の〈いのち〉を居場所に与贈します。分かりやすく言えば、人びとは気持ちよく居場所に存在できるようになるために、自ら進んで無償で居場所のために働きます。そして、そのような与贈を持続していると、外在的世界における各人の位置を「個の拘束条件」として、居場所の〈いのち〉が自己組織的に生成してきます。そしてその〈いのち〉が場として人びとの存在を包み、それと同時に、人びとの内側から同じ一つの「〈いのち〉のシナリオ」として活きかけます。そのことによって、人びとの〈いのち〉は、居場所の〈いのち〉に媒介されてつながります。これは内在的世界におけるできごとなので暗在的であり、写真機などで写したり、望遠鏡で測定したりすることはできません。

この居場所への〈いのち〉の与贈と、居場所から人びとへの場としての〈いのち〉の与贈が、「〈いのち〉の与贈循環」を形づくって、「〈いのち〉のドラマ」を進めていきます。人びとの〈いのち〉の状態と、居場所の〈いのち〉の状態は、この循環が強まるとともに互いに誘い合うようにして、相互整合的に合致していきます。このようにして、人びとは、共存在の場において〝「〈いのち〉のドラマ」を生きていく〟という形で、存在を与えられます。「〈いのち〉のドラマ」が人びとが存在する意義や意味を与えると言ってもよいのかも知れません。地球という居場所における〈いのち〉の活きはいずれも同様に進んでいくことから、図2のスキームは、人間以外の生きものの共存在を考えるときにも使うことができます。またこの図は、個体の〈いのち〉とその個体を構成している細胞の〈いのち〉の関係を考える上でも、これまでにない理解の仕方を与えてくれるでしょう。〈いのち〉の与贈循環は、たとえば終末期医療のあり方や臓器移植についても、一つの考え方を与えてくれる可能性があります。

またこのスキームは、様々な種類と大きさの人間の居場所を考える上でも、基本となるものです。さらに様々な居場所の復興の計画を立てたり、心に訴える物語や詩をつくる際にも使うことができると思います。たとえば、私は小学校で「冬の夜」という唱歌を学び、いまも懐かしく思い出します。それはそれだけ心に訴える力をもっているからです。吹雪の寒くて暗い夜に家族が温かい囲炉裏を囲む居場所に、それぞれの存在を与えられて過ごす場の情景を歌う本当によい歌だなあと感じてきたのですが、ここには図2のような家族の状態が見事に歌われています。〈いのち〉の与贈循環が見事に歌われているから、心に残るのです。

冬の夜

燈灯ちかく　衣縫う母は
春のあそびの　楽しさ語る
居並ぶ子どもは　指を折りつつ
日数かぞえて　喜び勇む
囲炉裏火は　とろとろ
外は　吹雪

囲炉裏のはたに　縄なう父は
過ぎしいくさの　手柄を語る
居並ぶ子どもは　ねむさ忘れて
耳を傾け　こぶしを握る
囲炉裏火は　とろとろ
外は　吹雪

居場所における存在を与える（意味づけ、意義づける）場は、生きものとしての人間を統合的回来の活きによって未来の方から包んでくることが、図2から分かります。私たちの常識では、過去、現在、未来は時間的につながっていますす。そのつながりを確かめるものが、原因を与えることによって未来にその結果が現れ、その逆はおきないとする因果律です。図2のスキームには、この因果律が成り立ちません。それは、自己の〈いのち〉の与贈という因（原因）が外在的世界で始められるできごとであるのに対して、自分の力が直接的に及ばない内在的世界（他力の世界）で〈いのち〉の自己組織が暗在的におきて、その果（結果）として生まれる居場所の〈いのち〉が内在的世界に場として現れてくるからです。したがって、因と果が因果律によってつながることはなく、時間的なつながりがないままに、果としての場が内在的世界に現れ、自己を包んで未来へ向かう〈いのち〉のシナリオを自己に与えてくることになります。つまり、場は未来の方から自己の存在を包み、未来へ導き、生きていく形を自己に与えるのです。

このようにして内在的世界（他力の世界）から立ち現れてくる未来は、因果律のように過去からのつながりをもたない未来そのものであることから、浄土真宗の曽我量深が呼んだように、「純粋未来」というべきかも知れません。たとえば本多弘之は、〝「純粋未来」からのはたらきを、本願は「浄土」をとおして具体化する〟と書いています（本多弘之「〔濁浪清風〕場について（18）」二〇〇七年五月一日）。図2のスキームの、内在的世界に自己組織的に生成した〈いのち〉が与贈される活きが「「純粋未来」

からのはたらき」に相当し、またその活きが人の存在している空間に与贈されて、その空間を「〈いのち〉の居場所」にして、場としての〈いのち〉が人を包みそして導くことが、「本願は「浄土」をとおして具体化する」ということなのです。

認知症は、一口に言えば、それまで続けてきた〈いのち〉の与贈循環が困難になってくる存在の病です。日本では、今後認知症の患者さんが増えて、四人に一人程度の割合にもなると言われています。そこで必要なことは、〈いのち〉の与贈循環を支援する、居場所の医療を確立することであると考えられます。ここで、重要になるのは、「居場所の〈いのち〉の場は未来の方から来る」という統合的回来です。認知症は、この未来の方から来る場を失うために、自分の存在を居場所に位置づけることができなくなってしまうのです。したがって、自分が存在していた居場所を探そうとして迷い出てしまうのではないでしょうか。認知症の方々の存在を受け止めるためには、その存在に人生の意義や意味を見出すことができるように支援することが必要です。

救済原理としての共存在原理

私たち人間が他の生きものと共に生きてきた地球は、宇宙における〈いのち〉の居場所という、大きな宇宙的な意義をもっている稀な天体です。その地球の居場所としての〈いのち〉を、私たちは家族が家庭の〈いのち〉を感じるように、自己の内在的世界に感じています。たとえば、現在、地球に住む多くの人びとが、地球の状態の変化、生きものの世界の変化、世界的な価値観の変化などを通じ

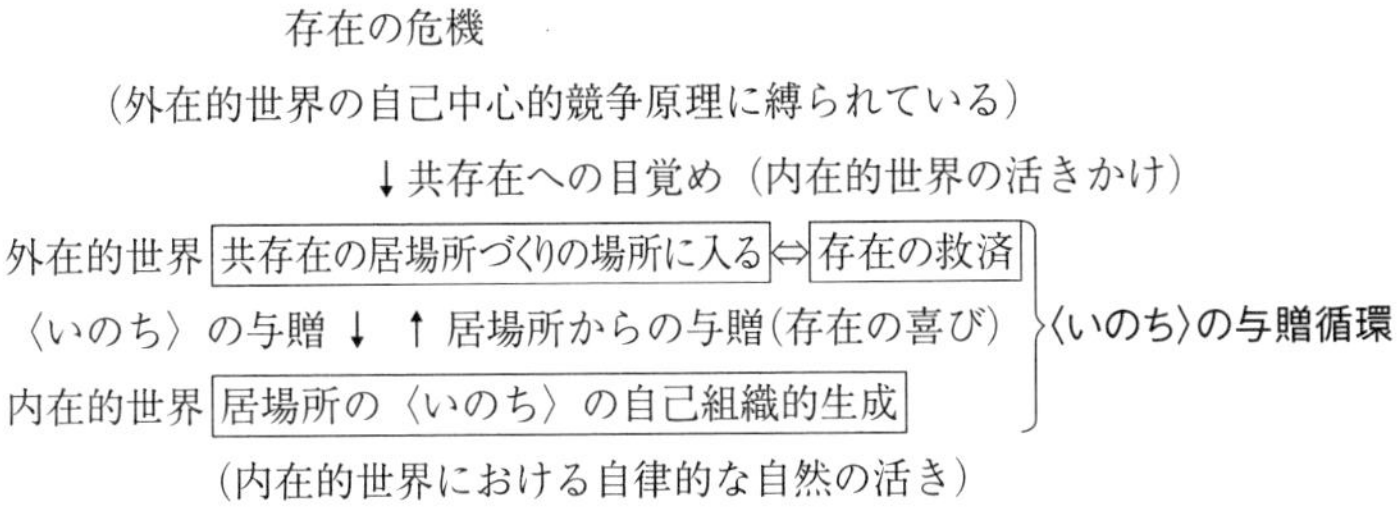

図3　居場所における存在の救済

て、口では十分言い表すことができないような危機を感じているのは、〈いのち〉の与贈循環によって、自己の〈いのち〉が、危機的な状態にある地球の〈いのち〉と結びついているからではないでしょうか。家庭の状態を家族が敏感に感じとっていても、外来者はそれを感じとれないように、地球の状態についても同様なことが言えるかも知れません。経済の見かけの好況の裏に、大きな危機が隠れていると感じている経営者も少なくないと思われます。経済の好況は外在的世界におきている現象の世界ですが、地球における共存在の世界である内在的世界には強い危機感が生まれているのです。

　内在的世界が現在このような危機にあることの原因を考えてみると、人間が地球を主客分離して外在的世界としてしか捉えてこなかったために、自分たち自身の生き方をどのように変えていけば、この危機を克服できるか――居場所としての地球の持続可能性を保証できるか――という、地球における自分たちの生き方を考える原理と方法を知らないことにあります。そこで、それを示すのが図3のスキームです。

　人間の自己中心的な欲望――仏教の概念によれば煩悩――によって、居場所としての地球に存在の危機が生まれて、人間活動の様々な分野に内側から影響を与えていくわけですから、個人は様々な形で自己の存在の危機に出合い、それを乗り越える知恵を求められていきます。

まず、居場所としての地球の危機が、多様な生きものの共存在ができなくなってくるという現象として現れてきます。そして求められるのは、その共存在を回復する方法です。その方法は、居場所としての地球の〈いのち〉の自己組織的な生成をともないながらおきる、〈いのち〉の与贈循環を生み出すということです。その変化は、人間が自己の〈いのち〉を居場所としての地球に与贈することから始まりますから、まず必要なのは、自己の目覚めです。それは、これまで人間の社会だけを考えてきた目を開いて、居場所としての地球に他の生きものと共に生きていく生き方をとる以外に、〈いのち〉の与贈循環を回復する方法はないと強く自覚すること、つまり共存在への目覚めです。「第二の地動説」として、地球という内在的な存在空間が新しく発見されなければなりません。

人間の存在の意義を理解できず、人を簡単に殺してしまう子どもが増えて、社会的に大きな問題になっています。このことは、子どもの心が煩悩に占められていることからおきることです。したがって、図3は、〈いのち〉の教育のスキームも与えます。「人間の存在の価値を教えるものは、主語的な知識ではなく、述語的な与贈の活き」（水谷仁美、私信）なのです。

共存在への目覚めによって、〈いのち〉の与贈ができるようになり、〈いのち〉の自己組織が地球に生まれ、居場所としての地球からの与贈によって存在の喜びが与えられることを知ります。つまり、〈いのち〉の与贈循環が生まれることから、喜びをもって〈いのち〉の与贈をおこなう気持ちが次第

存在の苦悩
（外在的世界の煩悩に縛られている）
↓仏説にふれる
外在的世界　[法蔵願心の居場所に入る] ⇔ [浄土による救済]
〈いのち〉の与贈 ↓　↑ 大悲の場からの与贈（存在の喜び）　〈いのち〉の与贈循環
内在的世界　[阿弥陀如来の活き（大悲の場）の出現]
（内在的世界の自然法爾の活き）

図4　仏の大悲による存在の救済（親鸞思想）

に生まれてきます。これは、家族が居場所としての家庭への与贈を喜びとすることに相当します。この地球への〈いのち〉の与贈によって、自己は煩悩から解放されて、存在を救われることになります。

このスキームを親鸞思想と比較したものが、図4です。上に述べたことは、煩悩に縛られて苦悩している人が仏説に触れて、その煩悩から解放されて「法蔵願心の場」に包まれることに相当します。この法蔵願心とは、本多弘之（「〈濁浪清風〉場について(18)」）によれば、「あらゆる衆生を平等に成仏させずに止まない」という法蔵菩薩（成仏して阿弥陀如来となった菩薩）の心が自己の内在的世界に立ち上がることであり、これこそが親鸞思想における救済ではないかと、私は考えています。したがって、地球におけるすべての生きものの共存在のために、自己の〈いのち〉を与贈する行為も法蔵願心に通じると、私は思っています。

富としての〈いのち〉

生きものによる〈いのち〉の生成

生きものの内在的世界で暗在的におきている変化を、あらためてその内在的世界から探求していくことにしましょう。理解しやすさを考えて、レーザーにおける自己組織現象と比較しながら〈いのち〉の自己組織を考えてみます。

レーザーでは、多数のレーザーアトムが外からエネルギーを与えられて励起した不安定な状態に持ち上げられ、その後で、ちょうど酔っ払いが大声で騒いでアルコールのエネルギーを放出して元のしらふの状態に戻るように、与えられたエネルギーを光子として放出して元の状態に戻ります。レーザーからレーザー光線が出ている間、レーザーアトムは光子を放出して元の状態に戻り、またエネルギーを与えられて励起して光子を放出するということを繰り返します。したがって、その間はレーザーアトムに外からエネルギーを与え続けている必要があります。

この現象と比較してみますと、レーザーアトムに相当するものが、〈いのち〉の居場所に生きている生きものたちです。そしてレーザーアトムからレーザー管に放出される光子に相当するのが、生きものから居場所に与贈される〈いのち〉ということになります。生きものは自分自身で〈いのち〉の資源となるものをとって、その資源を自己の〈いのち〉に変え、そしてその〈いのち〉を居場所に与贈し、〈いのち〉の自己組織によって居場所の〈いのち〉を生成します。この居場所の〈いのち〉が、レーザー光線に相当します。

レーザーでは、自己組織されたレーザー光線の一部がレーザーの内部に秩序パラメータとして残っていて、同様なレーザー光線を連続的に生成する活きをします。これと同様な役割をするのが、居場所から生きものに与贈される〈いのち〉の与贈循環によって生まれる〈いのち〉のドラマのシナリオ、すなわち〈いのち〉のシナリオになります。そして生きものが居場所に生きていく間、生きものと居場所の間で〈いのち〉の与贈循環が続いて、〈いのち〉のシナリオが生成され続け、〈いのち〉のドラマが演じられ続けていくために、歴史的に生きていくという生きものの存在の形が、居場所に持続されていきます。

生きものと〈いのち〉の関係に関するこの説明のどこかに少し変わった印象を受けるのは、私たちがこれまで外在的世界で受け入れてきた生きものと〈いのち〉の関係とひっくり返っているからです。

外在的世界における常識では、受精によって生きものに命が生まれ、その命がなくなれば生きものは死ぬと考えられています。したがって、生きものにとって命は最も重要であり、その命を守るために生活が、医学が、社会が発達し、またその命を守るために武器をとって、戦争さえします。

しかし本書で考えてきた〈いのち〉の自己組織的生成は、生きものは〈いのち〉をつくり出して、それを居場所に与贈できると考えなければ成り立ちません。実際、そのような〈いのち〉の与贈がおきていても、それが内在的世界でおきているために、はっきりと認識できなかっただけです。たとえばあなたご自身の身体では、毎日、非常に多くの細胞が死に、そしてそれに代わる非常に多くの細胞が生まれています。細胞にはそれぞれの〈いのち〉があることから、あなたの身体は多くの〈いのち〉をつくり出している、そしてこのことが〈いのち〉の自己組織のベースになっていると考えてみることもできるでしょう。

レーザーアトムとレーザーという組み合わせと比較しやすいように、生きものと居場所の関係を整理して、次のように考えてみることにしましょう。生きものは内在的世界で自己の〈いのち〉を生成し、その〈いのち〉の活きを居場所に与贈し、居場所から〈いのち〉の与贈を受けて、〈いのち〉のドラマを一歩先の未来まで生きていくという〈いのち〉の生成と循環を繰り返しながら生きていきます。自動車のエンジンが回り出すためには、始めはセル・モーターによって外から力を与えて、エンジンを少し回してやる必要があります。これと同じようなことが、〈いのち〉の与贈循環についても成り立つのではないでしょうか。エンジンが回り続けるのは、セル・モーターによって与えられた力で回っているのではなく、それ自身が回ろうとする能動的な活きを自分でつくり出しているからです。生きものについても同様なことが成り立つと、私は考えています。受精卵からの出発がそうであるように、始めだけは外から〈いのち〉を与えて、「一から多へ」の「一」をつくる必要があるのです。レーザーの中で、レーザーアトムが他の原子から放出される光子の刺激を受けて光子を放出し、それによってレーザー光線が自己組織的に生成するように、居場所においても、ある生きものが〈いのち〉を生み出して与贈する活きに刺激を受けて、他の生きものも〈いのち〉を生み出して与贈するために、〈いのち〉のドラマが生まれて続いていくと考えられるのです。

まとめてみると、生きものは〈いのち〉を生み出し、その〈いのち〉を居場所に与贈して居場所の〈いのち〉を自己組織的につくり、その居場所の〈いのち〉の活きを受けて、〈いのち〉のドラマを演じつつ次にまた〈いのち〉を生み出すという〈いのち〉のドラマを繰り返しながら、未来に向かって生きていきます。そして〈いのち〉を生み出すことができなくなれば、死んでいくのです。

富としての〈いのち〉

生きものにとっての富とは何でしょうか。たとえば野生の動物たちにとっては、自分たちが〈いのち〉のドラマを演じていくことができる居場所が、彼らの富であると思います。乾燥しやすい大地に流れる一本の川、その水によって動物たちが生きていくことができれば、それは誰かの所有物ではないけれど、その川が流れていることによって、その大地は動物たちにとって大きな富となるのです。

しかし、力の強い特定の動物がその川を占有すれば、他の力の弱い動物はそれを使うことができなくなり、その土地は誰の富にもなりません。なぜなら、どのような動物もその種単独で生きていくことはできず、共存在の形をつくらなければならないからです。

このような例を人間に当てはめてみれば、社会資本が富であるという考え方も、里山が富であるという考え方も理解できます。富は価値から切り離せません。そしてさらにその価値の根底には、「豊かという現象」を支える外在的世界ではなく、「豊かという存在」を支える内在的世界がなければならないと、私は思っています。

たった一回だけの人生を贈られて、素晴らしい〈いのち〉のドラマを演じ続けてその一生を全うしていくことを可能にするものを富と考えれば、この〈いのち〉の危機にある地球にも、新しい希望が開けてきます。それは、生きものには、もちろん人間には、〈いのち〉を生み出す能力、そしてその〈いのち〉を与贈して居場所の〈いのち〉を自己組織的に生成していく能力が与えられているからです。その能力を、人間は十分活用してこなかったのです。すでに考えたように、共存在原理の下でなければ、〈いのち〉のドラマを持続して演じ続けていくことはできません。つまり、「一から多へ」の形をつくらなければ、この「富としての〈いのち〉」は生み出せません。

エンジンでも一気筒エンジンは抵抗に合うと止まりやすいですが、多気筒エンジンになると互いに助け合ってなめらかに回転して、大きな力を出します。多様な生きものが居場所を共有して〈いのち〉の与贈循環を生み出している状態が、この状態に相当します。多様な生きものが〈いのち〉のドラマに参加すれば、〈いのち〉の豊かさが得られるのです。

富としての〈いのち〉とは、生きものが互いに共有できる〈いのち〉のことであり、「一」という居場所において〈いのち〉の与贈循環をしている、「一」から「多」へ与贈される〈いのち〉のことです。〈いのち〉を富という形にするのが、居場所における〈いのち〉の自己組織です。たとえば、ケアする者とされる者という現在の介護の形をそのまま続けることは、国家の財政から考えて無理です。このような状態になるのは、富の概念が狭いために、「多から一へ」という現在の病院における医療の形を広く当てはめようとするからです。様々な地域を居場所として、居場所の〈いのち〉を自己組織的に生成し、また修復していけるような「一から多へ」の形をつくることができれば、財政への負担が大幅に減り、富としての〈いのち〉の生産という意味が理解できるでしょう。

富としての〈いのち〉の民芸美

「一から多へ」という状態にある人間は〈いのち〉をつくることもできるということが、本書の主張でもあります。創造とは、新しい価値をつくることですから、富としての〈いのち〉をつくることも創造です。このように考えてみると、〝創造の根底には、〈いのち〉が〈いのち〉をつくる活きがある〟と思われます。

創造には、これまでに知られているような独創的な創造（名前の残る創造）の他に、「一から多へ」という形で、制作者の〈いのち〉の与贈を伴いながら創造する共創があります。詳しく言えば、それは一つの制作目標を達成するために、適切な居場所に多様な制作者が集まり、自分の〈いのち〉をその居場所に与贈することによって生まれる〈いのち〉のドラマによって、互いにつながりながら創造的に制作するのです。

共創の場合は、居場所の〈いのち〉という暗在的な「他力」が加わることによって、制作者が個人としてもっている能力を超えて、「他力による制作」という面が生まれます。そこでは〈いのち〉の自己組織によって〈いのち〉の与贈循環が生まれるために、全員が同じ一つの〈いのち〉のシナリオを得て、それぞれの役を果たしながら一緒に〈いのち〉のドラマを演じるために「個人の名前の消える創造」が生まれるという特徴があります。

これとよく混同されているのが、制作者が協力して「多から一へ」という形でおこなうコラボレーションです。コラボレーションには、互いに協力して関わる共働によって生まれるシナジー効果のメリットはもちろんありますが、居場所に対する〈いのち〉の与贈がないために、「自力による制作」の形になり、「個人の名前が残る」ことになります。

柳宗悦は、民芸の美は、庶民の居場所から生まれる、「名前の消える創造」がつくり出す美ではないかと考えました。たとえば、国宝として有名な「井戸茶碗」は、朝鮮の名もない職人が庶民の日常生活における実用のためにつくった茶碗ですが、織田信長をはじめ、我が国の戦国武将から茶器として高い評価を受けました。おそらくそこには自分自身への関心を捨てた者から自ずと生まれる大きな〈いのち〉「一」の活きが現れていることから、いったん、その美を見る目を獲得した人には、大きな富を感じられるのだと思います。

柳は東京の駒場に日本民藝館をつくり、無名の職人による民芸品を集めて展示し、その深い美を世に訴えました。また美学者としての彼は、民芸美がどのような原理によって生まれてくるかを考えて、その原理が阿弥陀如来（法蔵菩薩）の本願の第四願「無有好醜の願」、〃たとい我、仏を得んに、国の中の人天、形色不同にして、好醜あらば、正覚を取らじ〃に見出されると着想して、幾つかの著作においてそれを主張しました。言葉を換えると、柳は民芸美が、「他力による制作」であると喝破したのです。

図3と図4から分かるように、競争原理にとらわれて名を上げようとしている自分自身への自己中心的な関心を捨てることで、新しい共存在の世界（内在的世界）の地平が開かれてきます。そうしてみると、人生を全うすることも、〈いのち〉という富がなければできないことが見えてきます。

同じ店から弁当を買って、食べ続けていると、拒絶感が生まれて食べられなくなってしまうという話を聞きます。ことに高齢になって介護を受けている私の知人の母が苦しんでいることの一つは、同じところでつくられた同じ味の弁当を食べ続けなければならないことだそうです。知人が母のところを訪れるときに、普段とは違う店の弁当を買っていくと、味が変わることを大変喜ばれると聞いたことがあります。家庭料理の特徴は、毎日食べても食べ飽きないという点にあります。料理研究家の土井善晴は、家庭料理の本質とは何かを長年考えて、それが作り手の名が消えることにあるという考えに到達したとのことです（私信）。家庭料理の味が、民芸と同様、家庭という居場所への〈いのち〉

の与贈によって生まれる「他力による制作」であることが発見されたのです。

〈いのち〉の市場経済学

居場所に与贈された生きものの〈いのち〉は、居場所の〈いのち〉となって生きものの生を越え、そして死を越え、種を越えまた類を越えて、生きものから生きものへとリレーされていきます。このリレーを流通と言い換えてみることで、〈いのち〉の経済学という新しいイメージが浮かんできます。居場所に与贈された〈いのち〉は、〈いのち〉のドラマの「舞台」の表現（活き）となって、「役者」としての表現（活き）を生み出している生きものの間を流通し、さらなる表現の予約として、「〈いのち〉のシナリオ」を生きものたちに与えていきます。〈いのち〉がもっている存在を続けようとする能動性は、持続する〈いのち〉のドラマの表現となって、具体的に発揮されていくのです。

生きものから〈いのち〉に視点を移して、〈いのち〉の能動的な活きを振り返ってみましょう。「〈いのち〉のドラマ」が〈いのち〉の居場所に表現されるためには、居場所に共存している生きものが〈いのち〉を生産し、それを自己の行為によって、〈いのち〉の居場所に与贈することがまず必要です。これが生きものの〈いのち〉の居場所という「舞台」に「役者」が捧げる表現です。そして、生きものが与贈した〈いのち〉が、〈いのち〉の居場所の内在的世界において、居場所の〈いのち〉に自己組織されます。〈いのち〉の与贈循環は、自己組織的に生成した居場所の〈いのち〉が生きものへ与贈されるということですから、それは、「役者」としての個々の生きものの表現が、「舞台」の上で、一つの意味をもつシーンに自己組織的に統合されて、そのシーンの意味が生きものにそれぞれ伝えられるということです。したがってそれは、居場所の〈いのち〉の流通と考えることができます。

この流通の機構を言い換えると、次のようになります。〈いのち〉の居場所における〈いのち〉の自己組織では、多数の生きものから与贈された〈いのち〉が、規格（意味）を合わせて統合されて、共有化されます。そしてシーンとしての意味を獲得した居場所の〈いのち〉の表現が、居場所へ〈いのち〉の表現を与贈したすべての生きものへ、その与贈した表現に応じて与贈されるという形で流通していきます。そして、生きものたちは〈いのち〉の居場所に生まれる場に包まれ、シーンがつくり出す「〈いのち〉のシナリオ」にしたがって、次の〈いのち〉の表現を始めます。「〈いのち〉のドラマ」では、〈いのち〉が生産され、そして生産された〈いのち〉が居場所の〈いのち〉に変わって生きものへ〈いのち〉の与贈循環によって流通していくことが繰り返されて、「〈いのち〉のドラマ」が進んでいき、そしてそのドラマの持続によって〈いのち〉の居場所が拡大して、〈いのち〉の活きが大きくなっていきます。

このように、共存在の本質は、〈いのち〉の生産と自己組織による統合と流通によって、地球の動的な歴史をつくっていくところにあります。すなわち、統合された〈いのち〉の活きは、生きものの間を流通して、生きものを〈いのち〉のドラマの「舞台」に上げ、〈いのち〉の歴史の創造に共存在させるところにあると思われます。その「舞台」の表現をつくるためには、〈いのち〉が生きものとしての個体を越えて活く必要があり、そのためには〈いのち〉の居場所の内在的世界に与贈されて、暗在的な居場所の〈いのち〉にならなければならないのです。与贈されずに、いつまでも生きものの内に留まっている〈いのち〉は、利用されずに個人に蓄えられて眠っている知識のようです。しかしその〈いのち〉にも、生きものの寿命が尽きるときに、最後の与贈の機会が与えられます。もしもその機会を活かすことができなければ、〈いのち〉本来の能動的な活きをすることもなく、生きものの死と共にただ消滅するだけです。

貨幣経済は、この〈いのち〉の生産と統合と流通の活きを、商品の生産と市場の活きと通貨の流通の形で、人間の社会に取り込んだものと見ることができます。商品の生産が、生きものの〈いのち〉の生産とその表現に相当します。また通貨の流通は、居場所の〈いのち〉という暗在的な〈いのち〉の活きの流通に相当します。通貨そのものは暗在的な居場所の〈いのち〉を表現する記号に過ぎませんが、大切なことは、通貨の流通が、居場所の〈いのち〉が暗在的に流通している状態に、相当しているということです。実際、通貨の流通は極めて複雑で、また生活に密着して多岐にわたっており、正確に測定する方法はありませんから、暗在的であると考えてもよいものです。

商品が市場において流通性のある通貨に変わって、その通貨が商品と交換されて生産者に渡ることが、〈いのち〉の居場所における〈いのち〉の与贈循環に相当します。流通するものは通貨であって、商品ではありません。そのことは、流通する〈いのち〉は居場所の〈いのち〉であって、生きものが与贈した〈いのち〉そのものではないことに相当します。商品の価値を評価して通貨に換える市場の活きは、居場所に与贈された生きものの〈いのち〉を居場所の〈いのち〉に自己組織的に「変換」する、居場所の活きに相当しています。また、通貨の活きがその流通と市場の拡大にあることは、〈いのち〉の活きの本質が、その流通性によって、〈いのち〉の歴史を「〈いのち〉のドラマ」として地球に創造的に展開していくことにあることと、密接に関係しています。

この通貨と〈いのち〉の二つの流通を比較すると、〈いのち〉の活きの方が全体的であり、通貨の活きの方はその部分であるということ、言葉を換えると、まず地球を〈いのち〉の居場所とする〈いのち〉の与贈循環の活きがあり、市場を通貨の居場所とする市場経済がその一部として成り立っているということが明らかになります。人間が他の生きものと共に地球に共存在してきた生きものである限り、この関係を逆転させることはできません。つまり、人間の市場経済は、地球の生命現象の一部なのです。人間がこの関係を逆転させることは、〈いのち〉の居場所としての地球における人間の活動をガン化させることであることは明らかです。

ここで重要なことは、市場のメカニズムが、〈いのち〉の居場所の内在的世界における〈いのち〉の自己組織という暗在的な他力の活きと矛盾してはならないということです。市場は、『国富論』でアダム・スミスが市場の活きを「神の見えざる手」にたとえたように、実際、暗在的だったのです。そのことからも、市場は社会という〈いのち〉の居場所に自己組織される居場所の〈いのち〉の活きにつながっていたのではないかと考えられます。それは人びとの〈いのち〉を包み、そしてスレービング原理にしたがって、人びとへその内部から、「〈いのち〉のドラマ」のシナリオを与える活きをしていたと思います。また、その居場所の〈いのち〉の場は、個人の力が直接的には及ばない内在的世界に暗在的に自己組織される場であるために、「他力の場」という性質をもっていたのです。

にもかかわらず、金融市場が明在的な「自力の場」に変わってしまったということが、グローバル化した現在の市場経済における一番深刻な問題点です。それは、通貨が〈いのち〉の自己組織という〈いのち〉の居場所の活きによって生まれるものではなく、印刷機を回すことによってどれだけでもつくり出されるマネーに変わってしまったことから始まります。また、暗在的であるべき金融市場が、コンピュータによって計算のできる明在的な市場となったことから、金融工学の理論を活用しておこなう投機の対象となり、複雑系に変わってしまいました。そのために、複雑系に生まれるバタフライ効果によって世界恐慌という大火事がおきることを恐れて、通貨という「水」を市場に溢れさせておくことが必要になり、金融市場はガン化して、市場経済は白血病にたとえられる状態になっています。

市場の活きは、このように、〈いのち〉の居場所の活きと密接に関係しています。このことは、貨幣経済が〈いのち〉の流通という地球における〈いのち〉の一般解の要求を充たしている必要があること、そしてもしそれが充たされなければ、地球における生きものの生存条件を充たさないということを意味しています。したがって、ガン化している市場経済を、〈いのち〉の自然治癒力によって、暗在的な他力の場に戻せるかどうかが、いまでは極めて重要な問題となっています。〈いのち〉の自然治癒力とは、居場所の〈いのち〉の活きを増やして、富としての〈いのち〉を流通させて、ガン化したマネーの流通量を減らしていくということです。つまり、地球における〈いのち〉の与贈循環を強めることです。やがて死ぬ身が持ちすぎていることの空しさに気づかせて、富としての〈いのち〉

を持つことの喜びを教えて、人びとの価値観を持つための競争から共存在へと転回させることが必要です。その転回の第一歩となるのが、自己の〈いのち〉を居場所へ与贈する喜びを知ることです。与贈する喜びは、存在の喜びです。それは、自己の存在が〈いのち〉の居場所にあることを喜ばれることを知る喜びなのです。

〈いのち〉の与贈がもっている大きな意義は、次のように考えれば分かります。大まかに言って、私たちが経験する危機には、生きていることの危機と、生きていくことの危機とがあります。たとえば大地震や大津波のような大災害に見舞われた人びとは、まず生きていることの危機に直面します。したがって、被災した人びとが生きていることができるようにと、時間と競争しての救助活動がおこなわれます。その一方で、たとえば日本では、毎年三万人以上の人びとの悲しい自殺が報告されていますが、その多くは、先の見通しが立たないために、生きていく意味と気力を失ってしまうことが原因であると言われています。それは、生きていくことが危機に陥っているために、「〈いのち〉のシナリオ」が消えて自己の内部における〈いのち〉の生産が止まるために、「〈いのち〉のドラマ」を演じられなくなるということです。

寿命が尽きた場合や病気の場合を例外とすれば、前者の生きていることの危機の多くは、外から来る原因によって生まれます。これに対して、後者の生きていくことの危機の原因を遡っていくと、たとえばものの考え方が自己中心的になっているために、視野が狭く、居場所における共存在原理を十分考えてこなかったというように、その内側に原因がある場合も少なくありません。つまり、自己の

〈いのち〉を与贈する〈いのち〉の居場所が存在していないために、自己の内での〈いのち〉の生産が止まってしまうのです。現在の市場経済の危機も、まさにこのようにして内側から生まれてきた危機です。

昔から今に至るまで、真の富の生産として最終的な価値をもつものは、〈いのち〉の生産以外にはありません。〈いのち〉という富には、後で考えるマネーの場合とは異なって、〈いのち〉の居場所における富としての実体が存在しています。通貨という富は、最終的には〈いのち〉という富に換算されることによって、はじめてその実体を与えられます。そのことは、〈いのち〉を逆に通貨に換算するために使う論理が存在していないことからも明らかです。したがって、ケインズ経済学は、通貨の価値が不明になってしまったときには、公共事業において示される〈いのち〉という富の量によって通貨の価値を再定義するということを主張していると考えることもできるかも知れません。

実体経済と切り離されて動いているマネーは、内在的な〈いのち〉の世界とは別の、外在的な現象の世界で動いている、つまり存在そのものではなく、現象に価値を見て動いているわけですから、そこでの価値を生きものの存在にとって重要な〈いのち〉という富に換算することは不可能です。一口に言えば、マネーの危機をマネーそのものによって救済することはできません。それは、マネーには富としての実体がないために、力を失っているからです。

企業が長く存続していくために必要なものが企業としての〈いのち〉の生産であることは明らかです。そのために企業は、「一から多へ」の自己組織がおきている〈いのち〉の居場所として、その内

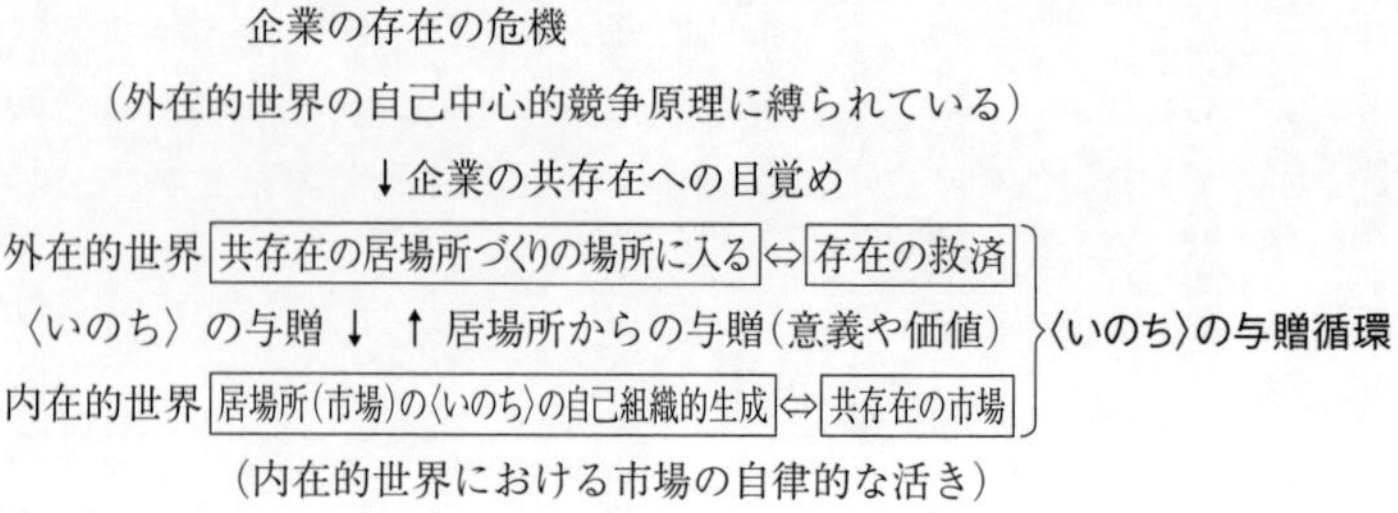

図5　市場における企業の存在の救済

部で絶えず〈いのち〉を生産し、そしてその〈いのち〉を与贈していくことが必要です。そこでできることは、図5に示したように、危機にある企業自身の存在を、共存在原理によって救済するということです。そのような内発的な存在危機の克服には、図5に示すような共存在企業としての一般的な処方箋が存在しています。

企業がその危機を克服するためには、企業自身が、市場において買い手となる人びとと共存在できる場所「一」をつくることが必要です。その場所に自己組織的に生成する居場所の活きが共存在の市場となるのです。そのためには、現象を追いかけるのではなく、生きもの（人びと）の存在そのものを支援する市場に〈いのち〉を与贈するように活動することです。その市場では、〈いのち〉の自己組織ができる（〈いのち〉の与贈ができる）ことが必要です（この「一」が、初めは小さくても、やがて大きな市場に成長していくことになります）。そしてその「一」が、企業の存在に大きな意義と価値を与えて、企業を持続的に維持する力になるのです。そのことが、自然に市場を外在的世界から内在的世界に戻していく原動力になります。

そのために、企業の〈いのち〉を、〈いのち〉の居場所としての地域社会や地球へ与贈することができる形態をつくることが、企業経営の最も重要な課題となります。そこで必要なことは、「二」という、企業の〈いのち〉の発見です。そして、「一から多へ」の、自己組織的発展の実践です。個としての個性が消されるボーズ粒子の状態から、従業員の主体性とその自主的な活きを重んじて、個としての唯一性が重視されるフェルミ粒子に飛躍させる非同一化が必要になります。従業員のモチベーションが上がって、生き生きとした活動が生まれるためには、企業そのものが地域社会や地球に存在する公的な生きものとして、自分自身の非同一性を示すことができるような使命感をもたなければなりません。そして経営者は、このことの重要さを株主に対して説得できるだけの身についた哲学を必要とするようになるでしょう。

〈いのち〉の共存在による文明

自己中心主義の強い者が競争をしていくと、この狭い地球の上では、他の生きものが一緒に生きていくことはできません。それでは、やがて強者も生きていけなくなります。いま必要なことは、自分自身を含めて、異質のものが一緒に共存在できる方法を発見することです。これまで説明してきたことから分かるように、自己中心的な競争を止めて共存在に向かわせる方法は、具体的には、次のようなものであると考えられます。

ある数以上の生きものから〈いのち〉が居場所へ与贈されると、居場所において〈いのち〉の自己組織がおきて、「居場所の〈いのち〉」が生成され、それが今度は居場所から生きものに与贈されて、

「〈いのち〉の与贈循環」が生まれます。そして、そのように与贈されてくる居場所の〈いのち〉を受けると、生きものの内部では、(自己の〈いのち〉を与贈しても)新しく〈いのち〉が生み出されるために、〈いのち〉の与贈循環が強まり、それによって、居場所における生きものの〈いのち〉の生成が強まってくるので、結局それだけ居場所の〈いのち〉が豊かになると考えられます。このことから、〈いのち〉の与贈循環は、地上の生きものを危機的状態に落とし、現代社会を疲弊させてきた人間の自己中心的な競争原理に代わって、地球上の〈いのち〉を共存在原理にしたがって回復させ、また共存在社会を人間にもたらすことが可能であると考えられるのです。

しかし、実際には人びとや企業に〈いのち〉の与贈をためらわせているものは、〝自己の〈いのち〉の与贈は、自己の〈いのち〉の消耗であり、自己の〈いのち〉の新生には関係しない〟という直線的な思い込みが強いからではないかと思われます。これは命と〈いのち〉を混同することから生まれる明らかな誤りであり、自己が〈いのち〉を多く与贈すれば、与贈循環によってそれだけ多くの与贈を受けて、〈いのち〉を多く新生するのが事実です。

先ほどの市場経済の例を思い出していただきましょう。〈いのち〉の能動性に相当するものが通貨の能動性であり、居場所の活きに相当するのが市場の活きです。企業の〈いのち〉の与贈とは、その通貨を商品の形で市場へと送り出すことです。もしも市場がある程度以上豊かならば、その商品が市場に受け入れられて市場の活きをつくります。そして、受け入れられた商品が、今度は市場からの〈いのち〉の与贈となって企業に通貨が循環してきます。その通貨によって、企業は次の商品を開発して市場に送り出すこと、つまり新しい〈いのち〉を与贈することができます。もしも企業が自己の通貨を惜しんで、つまり〈いのち〉を惜しんで市場に商品を送り出さなければ——居場所に〈いのち〉を与贈しなければ——、どのようなことになるのでしょうか。その企業の力は衰えて、社会の流れ、つまり、居場所における〈いのち〉のドラマの中で生きていく力を失ってしまうでしょう。

ここで重要なことは、市場がある程度以上豊かでなければ、商品を作っても売れないということです。一般に〈いのち〉の自己組織的生成は、ある閾値以上の〈いのち〉が居場所に与贈されなければおきません。したがって、まず必要なことは、市場そのものが自己組織されるだけの富としての〈いのち〉が集められて与贈されるということです。日本の戦後に「一から多へ」の企業が現れて、戦後日本の経済をリードしていったのは、経営者の〈いのち〉の与贈によって「一」が生まれたからであると考えられます。

売り手と買い手の距離が縮まっていき、それに伴って市場に居場所としての性質が強まってくるのが、共存在時代の市場経済ではないかと思います。そして富としての通貨と、富としての〈いのち〉が、さらに接近してくると思われます。そのような場合にも、むろん競争はあるでしょうが、それはより多く所有するための競争原理による自己中心的な競争ではなく、よりよい与贈のための共存在原理による競争になると思われます。

このことを親鸞の浄土真宗を〈いのち〉の言葉で言い換えてみると、図4で説明したように、すべての生きものへの差別のない〈いのち〉の与贈によって、広い〈いのち〉の居場所から「〈いのち〉

の与贈循環」を受けることに相当します。人間の肉体というハードウェアが老化していくことはやむを得ない変化ですが、このような〈いのち〉の与贈循環が、〈いのち〉を若々しく保っていく可能性があります。平均年齢三十歳と言われた鎌倉時代に、九十歳まで親鸞が活躍したことには、このようなことにも原因があったのではないかと思われます。自己の〈いのち〉をためらいなく与贈していくことができる居場所をもつことが、人にとって、企業にとって、重要な時代が来ていると思います。

放射能汚染が内在的世界に与える影響

大震災以来、大勢の人びとを苦しめている福島第一原発の放射能事故は、人びとと自然の生きものの死と生が、幾世代もの長い時間をかけて〈いのち〉の居場所として維持してきた場所を、誰も入ることができない場所に――人びとを含めた生きものが、二重の〈いのち〉の形で死ぬことができない場所に――、その内側から変えてしまいました。つまり、〈いのち〉の居場所である場所を、あたかも魔法使いが魔法の杖を振って一瞬の間に居場所の〈いのち〉を自己組織できない一重の〈いのち〉の世界に変えてしまったように変わってしまいました。そのために、生きものの死が居場所への与贈になることができなくなって、居場所が内側から〈いのち〉を失っていき、その主体性そのものが消えていくという変化が現実におきてしまったのです。そして、人びとの主体的な〈いのち〉も、居場所に持続的に存在できないということが、言い換えると、福島原発の放射能被害は人間の力によっては回復できないという実態が、まだはっきりと指摘されていません。

すでに指摘したように、自己組織の理論によれば、居場所としての地域社会とその自然に適切な拘束条件があって、はじめて居場所の〈いのち〉が自己組織的に生成されるのですが、その拘束条件のうちで、「個の拘束条件」が原発の放射能で失われたままになっています。その個の拘束条件とは、居場所に生きてきたものの間で生まれてきた縁によって与えられるものですが、その縁が放射能汚染によって切られてしまい、縁によって人びとをはじめ自然の生きものをつなぎ止めてきた活きが、居場所として続いてきた地域社会から失われてしまったのです。放射能によって居場所を追い出された住民が感じているのは、このことです。居場所が、それを支えてきた〈いのち〉のつながりを失って、砂漠化してしまったのです。

地域社会に広がった放射能は、このようにして居場所からの〈いのち〉の与贈を止めてしまいました。住宅地を除染しても、飯舘村に実際に見られるように、その周囲の自然までを除染することはできません。それは居場所が生きものに対して居場所として能動的に活く〈いのち〉そのものを根本的に否定してしまうことであり、地域社会における〈いのち〉の与贈循環を止めることになります。したがってそれは、地域社会に歴史を生み出していく「〈いのち〉のドラマ」の営みを不可能にして、〈いのち〉の故郷そのものを否定することになります。このことは、たとえば根本昌幸の「帰還断念」(『詩集　荒野に立ちて――わが浪江町』二〇一三年)という詩によく表れています。

いくら除染をしても

放射能が高くては帰れない。
ふるさとへ
戻る。
ふるさとへ
戻らない。
ふるさとへ帰る
ふるさとへ帰れない。

心は揺れる。
ふるさとを捨てる。
ふるさとに未練はある。
ここで生まれ
ここで育ったのだから。
だが現実は甘くはない。
人は人の力によって
直すことの出来ない

とてつもなく恐ろしい物を
造ってしまったのだ。
この原発というものを。
これが人間が人間としての
唯一の間違いだった。

廃炉までに何年かかる？
三十年。
いや四十年。
今を生きて行く
私たちにとって
気の遠くなるような話だ。
それよりも
それまで生きていることが出来るか。

帰還断念。
帰還断念。

望郷の唄が
遠くから聴こえてくる。
あの唄は幻聴か？
それとも涙唄か？
幼い昔に聴いた唄だ。

誰もいない野原に
名もない花が咲いて。
誰もいない野原に
羽虫が飛んでいる。

かつて町だった。
かつて村だった。
そこに
その場所に。

地球という、宇宙における貴重な〈いのち〉の居場所を受け継いでいく人間としての責任から見れば、これは宇宙における最も罪深い種類のできごとであり、倫理的に絶対にあってはならないことではないでしょうか。放射能汚染に対して、「あってはいけないこと」と、何か言葉ではうまく言い表せない異常なものを感じるのは、〈いのち〉の与贈循環を拒否された内在的世界に生まれる、私たち自身の〈いのち〉の拒絶感ではないかという気がします。原発の放射能汚染は、生きものを包み、生きものの〈いのち〉を新生させようと活きかけてくる内在的世界における居場所の〈いのち〉の活きを否定するために、内在的世界における重大なできごととしても捉えるべきです。

このできごとの異常な罪深さは、次のように考えるとよく理解できるでしょう。仏教で言われる阿弥陀如来の活きは、あらゆる生きものを包み、そして生きものの〈いのち〉を新生させようと活きかけてくる、宇宙的な居場所の〈いのち〉に相当します。居場所の〈いのち〉からその与贈の活きを奪うことは、自己の存在の拠り所を失うことになりますが、それは分かりやすく言うならば、阿弥陀の〈いのち〉を奪うことに相当しているのです。

エピローグ　「他力」の時代へ向かって

所有から存在へと、世界の歴史の主題が大きく移っています。近代という「自力」の時代から次の「他力」の時代へ急速な変化が起きているからです。これこそが文明の転回の具体的な姿なのです。

生命科学が、原子力工学が、資本主義経済が、そして国家が、一重生命論に基づいて、地球の上で所有の拡大に向かって人間の「自力」を延ばそうとして懸命になるほど、地球上に住む一個の生きものとしての私は、自己の存在に息苦しさを感じてしまいます。おそらく、この本をお読みになっているあなたもそうでしょう。この息苦しさは、時代の変化がこれとは逆の方向に向かっていることから生まれているのです。

持続可能性は現在の地球における最も重要な課題ですが、しかし、どのようにすれば、それを達成できるかを示す科学技術の理論はありません。何故かと考えると、持続可能性というものは、科学技術が避けて通ってきた人間を含む生きものの存在の問題だからです。科学技術が存在をテーマとして取り上げられなかったのは、存在は外在的世界としての科学的地球ばかりでなく、内在的世界を「舞台」にする生きものの「〈いのち〉のドラマ」にも関係しているからです。つまり、居場所としての「地球の〈いのち〉」と、人間を含めた多様な生きものの〈いのち〉という「〈いのち〉の動的な二重構造（二重生命）」のあり方に関係しているからです。

具体的に言えば、持続可能性を実現するためには、所有を目的とする一重生命論による競争原理から、存在を目的とする二重生命論による共存在原理へと、文明の原理を転回させることが必要になるのです。この転回には、古典天文学の天動説から地動説への転回にたとえられる困難がともないます。つまり、天動説的な自己中心的視点からは、「地球の〈いのち〉」は暗在的な状態になって直接的に認識できないために、場所的な二重生命論へなかなか転回できないからです（たとえば日本国憲法第九条の不戦の本質は、国際社会と日本との二重生命論であり、その根底には、居場所としての地球と生きものの〈いのち〉の二重構造（二重生命）の地動説的思想があると考えなければならないのです）。

その地球の〈いのち〉は、生きものが地球に与贈する個の〈いのち〉から〈いのち〉の自己組織によって生成し続けていくものであり、それは原理的に、人間の「自力」によって直接コントロールできるものではないということが、まだほとんど理解されていないのです。それは人間の意識がまだ所有の拡大にとらわれているからです。しかし、地球には、人間自身も、そしてその身体の内外に存在している無数のバクテリアやウイルスを含む地上の無数の生きものの生ばかりでなく、その死の活きも含まれているのですから、論理的に考えても、人間がその存在をすべて支配できるはずがありません。地球と生きものとの〈いのち〉の動的な二重構造（二重生命）は、言い換えると、地球の〈いのち〉の状態は、原理的にも、大きな生きものとしての地球の活きにまかせる以外に方法がないのです。地球における人間を含める生きものの存在の未来は、人間の「自力」の及ばない「〈いのち〉の自己組織力」という地球の暗在的な活き――「他力」の存在――を受け入れることになるのです。それがここで言う「他力思想」です。

　地球の暗在的な活きという「他力」に委ねて生きることとは、地球上の生きものがそれぞれの存在を共存在原理によって救われて生きていくことを認めることです。共存在原理が地球に活いていることは、すべての生きものの遺伝子（ＤＮＡ）に遍在的に存在している未知の暗在的な活きがあり、その活きのために種を越え類を越えて、生きものの〈いのち〉が地球の〈いのち〉を自己組織的に生成するように暗在的に活いているということです。したがって、その活きによって自分の存在が救われているという実感を、人間が本当にもてるかどうかが問われてきます。もしもてなければ、競争原理という自己中心的な自力の原理から、人間は離れられないでしょう。

　この共存在原理と存在の救済の関係は、曽我量深が浄土真宗による救済は「天上の救主」である阿弥陀如来と、「地上の救主」である法蔵菩薩による二領域的救済という形でおきると考え、そしてさらに、その法蔵菩薩は阿頼耶識《あらやしき》であると指摘したことと、――阿頼耶識の活きがＤＮＡに組み込まれていると考えることができるならば――関係があると思われます（仏教の唯識論によれば、人間の無意識の領域には、第七識に末那識《まなしき》が、第八識に阿頼耶識があります。末那識は常に自己を愛して自己中心的に活きます。また阿頼耶識は蔵識とも言われ、宇宙のすべての存在を維持して、宇宙が「一即一切、一切即一」という共存在原理をみたす形で展開していく際の基体となるものです)。

〈いのち〉の科学によれば、「〈いのち〉の与贈循環」は、すべての生きものに、「〈いのち〉のドラマ」における役割を与える活きをします。具体的には、まず無数の生きものからその生にさらに死を含めて居場所としての地球への「自己の〈いのち〉の与贈」があり、次に地球に与贈された生きものの〈いのち〉から、地球の「〈いのち〉の自己組織力」によって、地球の〈いのち〉が生成されます。すると、自己組織のスレービング原理にしたがって、地球から生きものへの漏れのない〈いのち〉の与贈がおきます。そして、このようにして生まれる「〈いのち〉の与贈循環」が自己組織をともなって継続的に発展していくことによって、地球には地球を「舞台」とし、生きものを「役者」とする「〈いのち〉のドラマ」が生まれ、そして生きものはその「〈いのち〉のドラマ」に「役者」としての存在(役割)を与えられていくのです。これが、地球における生きものの存在論の骨子です。

「〈いのち〉のドラマ」のシナリオである「〈いのち〉のシナリオ」は、自己組織された地球の〈いのち〉へのスレービングとして、生きものの内部に生まれます。それが、曽我が言う「法蔵菩薩としての阿頼耶識の活き」に相当していると思われます。「他力」に相当する「地球の〈いのち〉の自己組織力」の存在は、「〈いのち〉のドラマ」が地球の上で持続して生きものの共存在状態をつくり出していくための、絶対的な必要条件です。

しかしその一方で、一重生命的な生命科学と資本主義経済とが目先の利益を求めて結びつき、生命倫理を越えて競争をしていけば、地球の〈いのち〉の自己組織力そのものを消滅させてしまう可能性も大きいと考えないわけにはいきません。たとえば、最近話題になっている「DNA編集」という方法によって、生きものの遺伝子から、人間が自分にとって不都合なDNAを切り取って、生きものの遺伝子を簡単に変えて地球に戻してしまうことができるようになりました。実際、それを利用して動物の大きさを制限しているDNAを遺伝子から切り取って形の大きな魚や家畜をつくる努力がされています。また中国では、この方法が人間にも応用されて効果を上げたとのことです。

遺伝子操作や、DNA編集の深刻な問題点は、人間が遺伝子を手軽に変えて、その存在が「〈いのち〉のドラマ」に「役者」として縛られることのない新しい生きものを、地球に送り出してしまうところにあります。そのようにして、末那識で活く自我愛的な欲望にしたがって、人間が新しく地球に送り出した生きものが、遺伝子の網の目をくぐって繁殖していくと、地球における〈いのち〉の自己組織を妨げて「〈いのち〉のドラマ」を破壊してしまわないとも限りません。

清澤満之、曽我量深、西田幾多郎という宗教哲学の天才たちの〈いのち〉を賭けておこなわれた仕事は、仏教、具体的には浄土真宗の教義を、日本の近代化に新しく位置づけつつ存在論の未来を開いていくという、非常に重要な意義をもっていました。しかし、近代文明がさらに大きく進んだ結果、現在では、地球の持続可能性を無視できないことから分かるように、人間ばかりでなく、地球における生きもの全体の共存在に向き合うことなしに、人間も、生きていくことができない状態におかれています。しかも、生きものの〈いのち〉は、「〈いのち〉のドラマ」の形で未来に向かって絶えず進んでいくために、歩いてきた道を引き返すことはできません。このことから、清澤、曽我、西田の時代には、まだ概念そのものが存在していなかった、「複雑系としての宇宙における時間・空間の自己組織的生成」と、外在的世界だけでなく、内在的世界も加えて、真摯に向き合うことが必要となっています。

そこで問題になることは、生きものである人間が暗在的な「他力の世界」を支配することは、原理的にも不可能であるのに、誤ったものの見方にとらわれた人間が、「自力」によって地球を支配しようとしていることが、地球の〈いのち〉に危機を生み出し、そして、人間を含む生きものの存在を追い詰めている現実があることです。人間の「分際」でできることは、清澤満之の言葉のように、地球から生きものとしての人間に与贈される「天命に安んじて、人事を尽くす」ことだけです。その人事とは、自己の〈いのち〉を居場所としての地球へ与贈することであり、そのことに努力を尽くす以外に、方法がないのです。そこから生まれるのが、「私は地球であり、地球は私である」という自覚です。

近代文明の自己中心的な所有の拡大が行き着いたところが、より多くもち、そしてより多くを支配しようと、自我愛的な欲望を競争原理によって広げていくグローバル化した資本主義経済です。大きな企業には、株主の強い期待に応えて、成果主義による経営が多く見られます。資本主義経済では、明在的なマネーの収入という数値が、大きくなるほど善なのです。しかし存在にとって重要な暗在的な部分は隠されてしまいます。また、その理論には、拡大を止める論理がないことから、地球の〈いのち〉を否定するところまで、走りつづけていくと思われます。しかし、この資本主義経済という「ブレーキがついていない、アクセルだけの車」に、懐疑的な人びとも増え、その終焉を説く人びとも現れています。

私たちの周囲では、よく気をつけてみると、新しい「他力の時代」への分岐点にさしかかっていることを示唆するできごとが、既にいろいろおきていると思われます。このような変化がおきているのは、所有を前提として成立してきた資本主義経済による、「供給するものと、されるもの」、「支援するものと、されるもの」というこれまでの自他分離の形の社会構造が、人口の高齢化とそれにともなう生活スタイルの変化、地方の過疎化、病態や介護の変化、そして資源・エネルギー・食糧の供給の不安定化がおきていること、そして、さらに拡大しなければ存在できないという、資本主義経済そのものの行き詰まりによっておきてくる、国家や自治体の収入の経常的な赤字化という壁にぶつかって、大きく変わっていかないわけには行かないような力を受けているからです。はっきり言えることは、所有の拡大を前提にした近代は急速に終焉に向かっているということです。

次の時代の企業経営がどのようなものになるかは、まだ明確ではありませんが、自己中心的な天動説のような「多から一へ」型の経営から、居場所を基盤におく、地動説的な「一から多へ」型の経営に変わらなければならないのは確実です。何よりも必要なことは、暴威を振るっている末那識の活動を鎮めて、人間の無意識を阿頼耶識の活きに戻すことです。そのためには、「所有の富」への執着心を離れて、すでに説明した「存在の富」である「〈いのち〉という富」を社会に広げる思想とそれを実践していく工夫が必要です。地球全体における多様な生きものの共存在を継続的に維持すること――居場所である地球に「〈いのち〉のドラマ」を持続していくこと――を、企業の経営という点から考えると、競争原理にしたがって「多から一へ」という一重生命の形になっている現在の形を、共存原理にしたがって「一から多へ」という二重生命の形にしなければならないことは明白です。

したがって、最初の「一」の設定を、どうするかということが、近代文明と共に消滅するか、それとも近代文明を越えられるかを決定することになります。ここで、「一」は居場所としての地球、すなわち弱者が共存在している「他力の世界」です。居場所は重層的な構造をもっていますから、地球そのものを直接考えなくても、生きものが共存在して、地球に開かれている居場所であればよいと、考えられます。地球に開かれているかどうかを確かめるためには、たとえば自然と共存在してきた地域社会のように、強者の論理で切り捨ててしまうことができない弱者が共存在しているために、その居場所に生きていくためには、どうしても弱者の論理が必要になることが目安になります。

弱者がたくさん存在して、弱者の論理による共存在を必要とする居場所が、今後、自然にも、地方にも、また大都市にさえ、急速に広がっていくことが予想されます。そのような居場所における共存在に企業が関与して、そこで「〈いのち〉という「存在の富」を継続的に得ることができれば、「一から多へ」の形が企業に生まれて、発展するのです。そのためには、「〈いのち〉という富」によって企業が生きていく形態をつくることが必要になります。

社会における共存在に向けておこなわれる「一から多へ」という経営が、すでにエーザイ株式会社という製薬会社で始められて、実績を上げています。また他業種の企業も注目し、その経営を学ぼうとしています。エーザイでは企業目的をhhc（human health care）という「他力」の居場所に置き、自力的な所有に置いていないことを、定款にしめしています。このhhcのために与贈することが、エーザイが企業として存在する意義であり、その結果、仮に利益が十分上がらなくてもやむを得ないと、経営者が覚悟をしていると言われています。まさに、「天命に安んじて、人事を尽くす」形になっているために、社員にとっても、企業の存在は自分の存在と非分離となり、企業の活動が自分の活動として捉えられ、モチベーションが上がっています。

エーザイはこのことを次のように表現しています。〝hhcとは エーザイは、ヘルスケアの主役が患者様とそのご家族、生活者であることを明確に認識し、そのベネフィット向上を通じてビジネスを遂行することを企業理念に掲げています。この理念を一言に集約したものをhhc（ヒューマン・ヘルスケア）と呼び、社員一人ひとりが患者様の傍らに寄り添い、患者様の目線でものを考え、言葉にならない思いを感じ取ることが重要であると考えています。そして、すべての社員が就業時間の一％を患者様と共に過ごすことを推奨しています。〟つまり、hhcとは弱者への共存在の愛としての「一」です。それは、他力の場に自己の〈いのち〉を与贈することによって、感じとることができる「〈いのち〉のシナリオ」なのです。

ここで念のためにノートしておきますと、本書では競争そのものを否定しているわけではありません。「金が金を生む形」でおこなわれている競争原理での競争は、もうこれ以上続けるべきではありませんが、共存在原理にしたがって「〈いのち〉が〈いのち〉を生む形」でおこなわれる競争は、自然においても広く見られるように、〈いのち〉の創造的な活動のために必要です。競争原理での競争は、多数から少数を選ぶ競争です。これに対して、共存在原理での競争はより多数のための居場所づくりの競争になります。つまり、これは「多くの弱者も一緒に存在できるところへ降りていく競争」となります。また前者の競争は「自分だけが生きている」ことを目標にしますが、後者の競争はより多くの生きものが一緒に生きていく「〈いのち〉のドラマ」の「舞台」の創出を目標にします。

具体的なことを頭に描きながら考えてみましょう。日本は世界一の超高齢社会を迎えています。高齢になると、さまざまな介護や支援が必要になることが多いので、超高齢社会は介護社会です。そしてその介護には、人手と経費がかかります。社会の現実を眺めてみますと、「介護されるもの」と「介護するもの」に分かれている限り、人手の点からも、また経費の上からも、介護社会を迎えることはできません。また「いま生きていること」を考えてつくられている介護保険制度と、介護を受ける人びとが誰も望む「よりよく生きていくこと」との間の矛盾を身に受ける状態になって、介護を職業としている人びとの多くが転職を望んでいるということも聞くほどですから、日本の社会は、「介護するものがまた介護されるものでもある」という共存在原理に立たなければならないというところに追い込まれています。そのために、互いに助け合う「おたがいさま社会」をつくらなければ、老後を生きていくことはできないという不安が、多くの生活者に生まれているのです。また若い人びとも、高齢者の介護を自分たちだけで背負い込む状態になると生きていけませんから、お互いさま社会の実現は、若い人たちにとっても必要です。このような深刻な存在不安を内圧にして、共存在原理による社会は、今後ますます広がっていくものと思われます。

そのことを具体的に示す例が、生協しまね（安井光夫理事長）で報告されています。それは多年の努力によって組合員の間に「おたがいさま」という助け合いのネットワークをつくったら、いつの間にかそれに他の組織の助け合いのネットワークや地方の行政がつながって、地域の住民を広くカバーするほど大きくなったということです。そうなると、それにエーザイのように共存在を目標とする企業（共存在企業）もつながってくる可能性があります。

日本の社会が少数の大都市と多数の過疎化した地方に分かれているのは、競争原理にしたがって「マネーがマネーを生む形」でおこなわれてきた経済的な拡大競争の結果です。私は「マネーがマネーを生む形」をどういじってみても、地方の過疎化は回復できないと考えています。それは、過疎化した地方を回復させる力は共存在原理によって生まれる「〈いのち〉が〈いのち〉を生む形」にしかありませんが、マネーは富を表す一種の記号に過ぎないのであり、〈いのち〉のように富そのものではないからです。過疎化した地域のために必要なのは、どのような意味での共存在かと言えば、それは現状においては、中央（大都会）とその地方の共存在です。

問われるのは、共存在状態をつくるために、中央と地方をどのように近づけていけばよいかです。高い山を登るときには、ベースキャンプを設置する必要があるように、まず中央のベースキャンプを地方の都市につくって、「共存在状態に降りていく」ための持続的な努力をしなければならないと思います。中央の人びとが高い目線で地方を見ている限り、共存在はできません。目線を下げるためには、過疎化した地方の人びとと自分たちの問題を共有して、持続的に努力をしていくことが必要になるのです。そして共存在のためには、何をすることが必要なのか、一緒になって考え、思いを深める時間が必要です。

子どもが地域に定住できなければ、「〈いのち〉が〈いのち〉を生む形」ができるはずはありませんから、地域が過疎化していくのは必然です。子どもが定住できないのは、その地域に未来が見えないからです。そこで、もしも共存在を事業目的とする共存在企業がその地方につながることができれば、企業活動を通じて地域が広い社会に開かれ、子どもたちにも未来につながる職場を与えることができるために、過疎化の最大の原因を取り除くことができます。また共存在企業の方も、つながる地域の共存在状態が、テレビのコマーシャルと異なって実体のある宣伝となるために、共存在への社会的な流れの中で、その活動を経済的にも持続できる可能性があります。

このような状態を生み出すために、まず、地域の住民が「組合員」となって、共存在の基盤となる組織を、自分たちの生活のために立ち上げることが必要です。そしておたがいさま活動のネットワークを広げると共に、そこへ中央からも人びとを呼び込むことができるように、地方の行政ばかりでなく、中央の行政も協力して努力しなければならないと思われます。これは〈いのち〉の自己組織に必要な拘束条件をつくること、「一から多へ」の「一」が生まれる卵モデル器の形をつくることに相当します。

ここで重要なことは、以上の高齢化社会と過疎化社会に共通している問題が、生きていくことへの存在不安であることです。したがって必要なことは、存在のための居場所づくりであり、共存在原理にしたがっておたがいさま関係をつくることによって、互いに同じ「〈いのち〉のドラマ」の「舞台」の上の「役者」となるのです。このことによって〈いのち〉の自己組織がおきて包まれ感が生まれ、生きていくことへの安心感が得られます。このような状態の前提としては、共に「役者」となって同じドラマを演じることができる舞台構造をつくることであり、それが共存在の基盤となるのです。

このように高齢化社会と過疎化社会に生まれる存在不安が「生きていくこと」への不安であり、したがって両者を解決する鍵はおたがいさま関係すなわち共存在原理ですから、この二つをつないでおたがいさま関係を広げていくことが問題解決への道になる可能性があります。それは、所有から存在へと主題を転換させることによって、所有を追いかけ過ぎたために心が過疎化してしまった人びとに、新しい「存在の富」の魅力を伝えて、精神を新しく活性化していくことができる可能性があります。この方法は、東日本大震災の被災地の復興にも活用できると思われます。

付録　徒然なるままに

〈いのち〉の卵モデル

私たちが居場所で一緒に生活しているときには、個の〈いのち〉に相当する私たちの自己の〈いのち〉と、全体としての〈いのち〉に相当する居場所の〈いのち〉という、二重の〈いのち〉の活き（二重生命）が生まれています。私たちの〈いのち〉が、その遍在的（全体的）な〈いのち〉の場に包まれて互いにつながった状態（自他非分離の状態）になっていることを感覚的に摑みやすく表現しようとするものが「〈いのち〉の卵モデル」です。ここでは、生きものの個体としての〈いのち〉の活きである「自己中心的領域（egocentric domain）」の活動と、〈いのち〉が居場所全体に広がって場として活く「場所的領域（basho-domain）」の活動という〈いのち〉の二種類の活動が存在していると考えています。二種類の〈いのち〉の領域が存在していると考える理由は、自己と他者がつながった自他非分離的状態においても、自己と他者の存在は明らかに区別されるという事実——二重生命の事実——があるからです。

図6に示した〈いのち〉の卵モデルは、卵の殻を割ってその中身を（居場所に相当する）大きな皿の上に落とした状態によって、上記の二つの領域の活きを模式的に表しています。卵の黄身に相当する部分が自己中心的領域すなわち個としての局在的な〈いのち〉を表し、また白身に相当する部分が場所的領域すなわち居場所全体の遍在的な〈いのち〉を表します。この黄身に相当する個体の活きには、それぞれ自己防御的反応があり、互いにあまり接近しそうになると、反発し合って個体の〈いのち〉を守ろうとし、時には攻撃的にさえなります。つまり、黄身は混じり合わないのです。

その黄身を囲んで、居場所としての皿の上に広がっている白身の活きが場に相当します。一般に場には境界があります。白身は常に皿の空間いっぱいに広がるとは限りません。居場所における人びとの身体の活きは、無意識のうちに相互に（自己組織的に）同調して、人びとを自他非分離状態にする活きをもっていることが知られています。たとえば人びとが会話をしているときに互いに頷き合う状態を詳細に調べると、身体の様々な動きに同調現象「エントレインメント（entrainments）」がおきていることが、六〇年代から七〇年代にかけて米国のコンドン（W. S. Condon）によって詳しく研究され、文化人類学者エドワード・ホール（E. T. Hall, *Beyond Culture*, 1976）によって興味深く紹介されています。場は全体的生命の活きであり、身体が「アンテナ」となって自己が感じることができるので

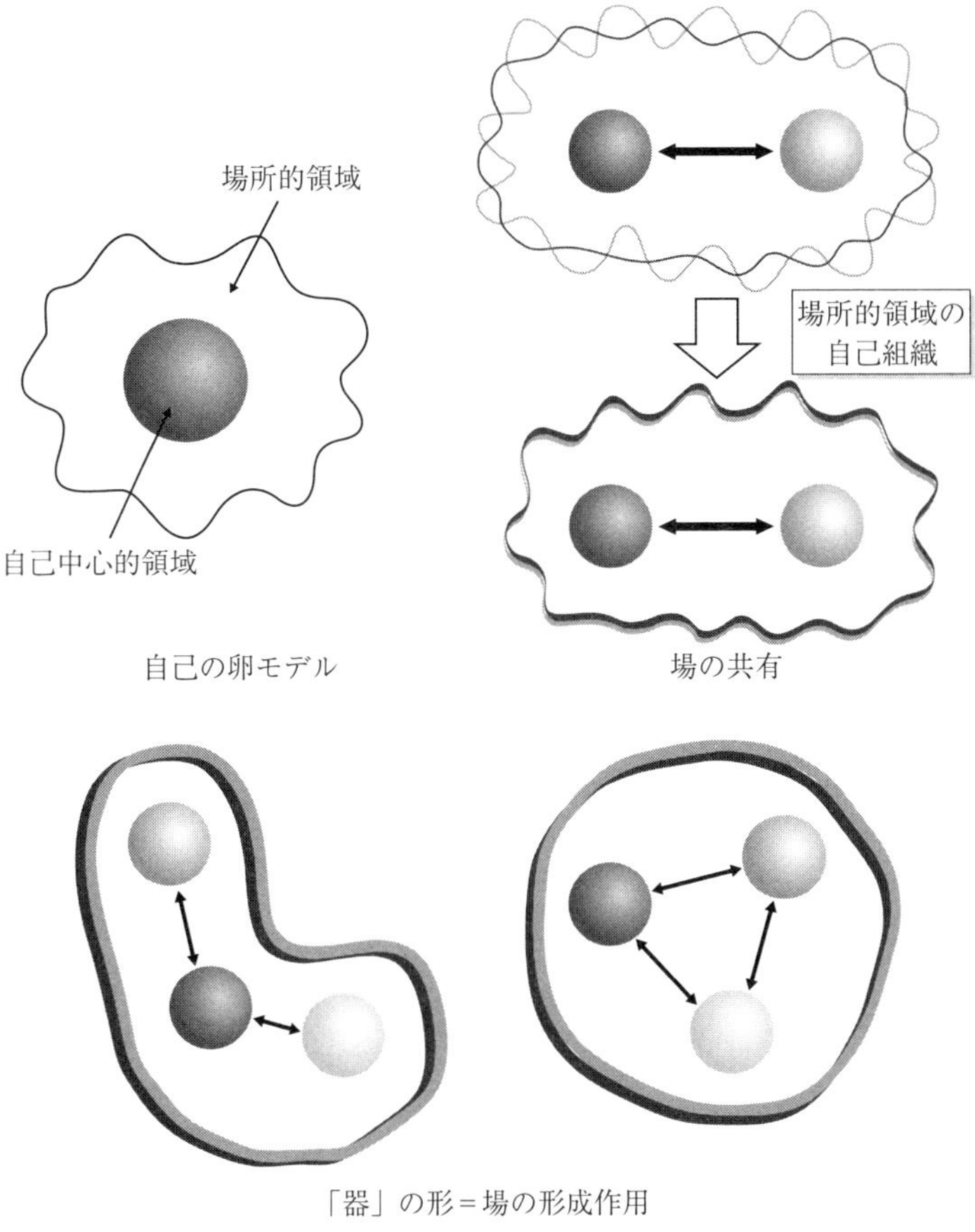

図6　〈いのち〉の卵モデル

〈いのち〉の卵モデルは,「〈いのち〉のドラマ」に結びつけて，次のように説明することができる．卵の黄身は外在的世界における生きものの〈いのち〉の「役者」としての活き，白身は生きものから与贈された〈いのち〉が内在的世界で自己組織的につながって現れる居場所の〈いのち〉であり，ドラマの「舞台」としての活きをする．また器の形は〈いのち〉の自己組織の拘束条件として,「一から多へ」の「一」としての居場所の形を決める役割をする．どのような形の器のどこへ位置づけられるかによって，生きものの〈いのち〉の活き方が決まる．

す。このようなエントレインメントがおきる場合には、集団でおこなう綱引きとか、縄跳びのように、個としての主体性は消されて、個の集まりには群れとしての性質が現れ、「〈いのち〉のドラマ」は生まれません。

個の活きに多様性が生まれ、居場所における互いの存在に差異がつくり出されることが、〈いのち〉のドラマが生まれるためには必要です。つまり、それぞれの主体性をともなって黄身の活きが発揮されることが必要になるのです。そのことを表現するために、図6では少し異なった色によって黄身を示しています。多様な黄身が、白身がつくる場のなかで、「場のこの位置に自分が存在している」と定位できる一つの位置を占めて存在しています。

ディナー・テーブルにおける人びとの位置について考えてみると分かるように、複数の人びとが同じ場を共有して存在しているときには、自己の存在がその場のどこに位置づけられているかにしたがって、その場における自己の役割が決まります。そのために、人びとがそれぞれの場における位置を互いに了解し合うことによって、はじめてこころを許し合って、同じ一つの居場所に共に存在して〈いのち〉のドラマを演じることができるのです。

白身が表す一時的な場の自己組織は、生きものそれぞれのDNAの状態を固定して、その活きの下でおきる影響に相当します。しかしそれとは異なって、生活環境の状態を細胞質が長期的に反映していると、その細胞質が逆に、DNAの活きを変えてしまうことに相当する変化が見られます。それが卵モデルで、黄身に多様な色がつくことに相当します。

そのことが、居場所において持続してきた生活のあり方が、〈いのち〉の自己組織によって、生きものそれぞれの主体的な活きを、その居場所において演じられる「〈いのち〉のドラマ」の役割に相応しいものに変えていく、逆対応的（述語的）変化です。それは内容的には、「文化的な〈いのち〉の自己組織」であり、その活きによって居場所を「舞台」とする「〈いのち〉のドラマ」の「役者」が、「ドラマ」の内容を反映しながら世代を超えて交代していきます。一部の「役者」が、長い期間にわたって欠けていると、「〈いのち〉のドラマ」を持続していくことができなくなるために、家庭においても、地域社会においても、また地球においても、居場所は過疎化していきます。

ここでせっかくですから、「私は地球であり、地球は私である」という言葉と、大森曹玄が指摘した華厳の法理である「一即一切、一切即一」（『鐵舟』平成二十七年春号）の関係を振り返って見ることにしましょう。存在の世界があるときに、そこに存在している存在者全部を「一切」と呼び、任意の個々の存在者を「一」と呼びます。したがって華厳の法理は、存在の世界の「任意の存在者はすべての存在者に存在し、すべての存在者は任意の存在者に存在する」ということが、存在の理であると言っていることになります。このことを、次のように説明する人もいます。「人間の身体を構成する約六十兆個と言われる細胞は、相互に異なりながら、すべてと密接に依存しあって生きている。その状態はすべての細胞が他のすべての細胞の状態を自己の内部に包んで生きている、と言ってもよいであろう」。

たとえば、優れたサッカーのチームの各選手の運動は、競技場のグラウンドにおける他の選手全部の動きと、相互に密接に関連しておこなわれますから、「一即一切、一切即一」が生まれているということができるでしょう。それでは、どのようにして、個（一）と全部（一切）の間に、この関係が生まれるのかと考えてみると、すべての選手は自己自身を含めた「グラウンド全体」の状態を純粋経験として摑みながら、〈いのち〉の自己組織によって「〈いのち〉のシナリオ」を共有し、そのシナリオの上で変化がおきると想定して、互いの活きを最もよく引き出すように動くと思われます。ここで純粋経験とは、プレーをしている選手のように、サッカーがおこなわれているグラウンドの状態を、自分自身もそのグラウンドの一部となって、認識することを言います。それは、観客の場合のように、自分と切り離して、グラウンドを認識することとは異なっています。ここで何を言いたいかというと、グラウンド全体「一」から自己が受ける純粋経験を通して、「一即一切、一切即一」が、〈いのち〉のシナリオとして生まれる、ということです。全体（「一」）と異なって、全部（一切）には、見かけの上で居場所は入っていませんが、実際には、居場所の〈いのち〉の活きによって、その関係が生まれているのです。また「一即一切、一切即一」は、〝グラウンドでは、選手誰もが主役〟ということです。

偶然の一致

人間は、あるいは生きものは、明在的な外在的世界と暗在的な内在的世界の狭間に生きていますが、日常的な意識は外在的世界に向かって活くために、内在的世界との関係を「感応道交」として捉えることになります。私は、相互誘導合致のあり方を通じて感じとるのが感応道交ではないかという気がしています。この項の以下の議論は少し厳密性を欠きますが〈いのち〉に関係した重要な現象を含みますので、未来のためにここに加えておきたいと思います。

内在的世界では、〈いのち〉は場の形で活きます。そしてその場の活きは、生きものと居場所の状況によって変化をします。それは、人それぞれに「縁の世界」があり、無意識のうちに自己の縁を編集して、卵モデルの器（白身という場の拘束条件＝鍵穴の型）をつくるということではないか、という気がします。もちろん、万里の長城の例を見れば分かるように、器の形はその世界の外側の状態によっても変わります。

このことは居場所においてまず先行的におきると考えられます。「勘」と言われるものは、縁の編集の活きではないかと、私は思っています。縁の世界は、仏教の唯識論で、過去のできごとの一切を記憶していく無意識の活きの領域といわれている阿頼耶識に関係があり、民族や、伝統文化、一人一人の境遇や生き方にも関係があります。また、縁の編集は人の生き方によっても変わるわけですが、さらには個人の資質や修行によっても変わります。いずれにしても、縁のないところに、居場所（鍵穴の型）は生まれないわけです。

この縁の編集能力がモノづくりにどのように活用されるかを、考えてみましょう。モノづくりには、何をどう創りたいかという基本的な意志が必要ですから、まずは制作者が「鍵」となる意図をもっていなければなりません。その鍵の特徴を鍵穴にも反映させて（内在化させて）継続的に伝えていくことが、制作の伝統的な特徴を受け継いでいくことになりますので、とても重要です。しかし、その一方で、その鍵が新しい形に変わって、鍵穴と柔軟に相互誘導合致していくことができなければ、モノづくりがワンパターンになってしまい、時代の要求に柔軟に応えていくことはできません。そこで制作には、時代を乗り越えていく創造性が必要とされます。

その創造性は、鍵の形から来るものと、鍵穴の型から来るものとがあります。日本民族の得意とする創造は鍵の形を変えるような種類のものであり、鍵穴の型を変える方はあまり得意ではないように思われます。しかし、飛躍的な創造は、新しい鍵穴の発見からくるのです。つまり〈いのち〉のドラマの役者が変わるのではなく、舞台の方が新しくなってドラマが全く変わるのです。具体的には、新しい舞台づくりに使われる舞台道具を幾つか発見することが必要になります。それは、舞台道具とその配列によって、鍵穴の型が決まるからです。社会の変化を読み取ることも新しいシナリオづくりには必要ですが、それだけでは鍵穴の型に相当するものづくりの表現はできず、モノづくりの創造はできません。

新しいドラマの創造には、舞台道具の役目をする少なくとも二つの異なる事象があって、それが舞台となる空間に同時に現れる（意識される）ことが必要です。しかし、その事象が因果律によってつながって現れた場合は、新しいドラマの舞台は創造されません。なぜなら、創造は内在的世界の活きによって生まれるものであり、因果律を越える表現となるからです。舞台制作が因果律に縛られている限り、真似事はできても真の創造はできません。したがって、新しいドラマの舞台道具となる事象は、「偶然の一致」の形で意識に現れてくるものでなければなりません。

ユングは、異なる事象が因果律には関係なく「偶然の一致」の形で意識に現れてくる現象を経験して、それを共時性（シンクロニシティ）と名づけましたが、創造における偶然の一致は、先行して暗在的に編集された「偶然の鍵穴」と、明在的な存在の「鍵」とが相互誘導合致をしていく感応道交を意味するのではないか、と思っています。つまり、制作における偶然の一致は、内在的世界、つまり縁の世界でそれらの事象がつながっているからであると、私は考えています。

縁は、〈いのち〉のドラマの同じ舞台に存在した経験があるか、それに準ずる経験があるかによって生まれます。偶然の一致を生み出してくる編集能力は、修行によって身につく無意識の活きであり、意識の活きではありません。したがって、意識から見れば、「縁の編集能力」は「偶然の編集能力」なのです。

近代社会における生活のゲーム化

古典天文学の天動説のように、自己から切り離された世界を自己中心的に見て、人びとが活動しているのが近代社会です。その社会における人びとの意識には、自分たちと、外在的世界という切り離された世界しか存在しません。言い換えると、天動説のように自己と世界を切り離したために、本当は自己の存在がその活きの上で成り立っている〈いのち〉の世界——内在的世界を見失っているのです。自分と外在的世界しか存在しないのは、ゲームの世界——物語ることを失った世界です。それは、明在的に与えられたシナリオの上を、賭によって動く世界です。したがってそのような社会が発展して便利になればなるほど、人びとの生活は物語を失って、ゲーム化していくことになります。

生きものの弱さは、内在的世界に隠されています。したがって、生きていくことがゲーム化すればするほど、弱さへの共感という共存在への情緒的な入り口へたどり着くことができなくなります。そうしてみると、生きていくことがゲームになるとは一体どういうことなのかを、しっかり考えてみる必要があります。ゲームは、それに興ずること自体が目的です。ゲームの世界の外には、ゲームの目的はありません。自己の現状を越える目的を人生に与えたり、また倫理を与えたりするのは、内在的世界の活きであるからです。その内在的世界を見失ってしまえば、人生の分岐点でどちらの道を選ぶかということも一種のゲームになり、また人を殺してみることも、抑えがたい魅力をもつゲームになってしまうかも知れません。

現代の国際社会を動かしているものは、地球を大きなゲーム盤として人間がおこなっているマネーゲームです。そして大恐慌の恐怖感からもそのマネーゲームを止めることはできず、巨大化し複雑化していく方向に進むしかないために、ゲームマシーンはどこまでも高速化し、また自動化していくことになります。また人間もゲームに取り込まれてその主体性を失い、ゲームから降りられなくなってしまっています。

ここで忘れてならないことは、〈いのち〉の世界である内在的世界は、マネーゲームに熱中している人間の目に見失われているだけで、それが実在しているからこそ、その人間も生きて活動していることができるということです。マネーゲームが発展するのも、ゲームに熱中している人びとを含めて、地球上の生きものの〈いのち〉を支えている内在的世界が暗在的なレベルで活き続けているからこそです。結論できることは、マネーゲームの巨大なマシーンは完全な自動機械になることはできない、それが動くためには「〈いのち〉の輸血」を必要とするということです。マネーゲームが巨大化すればするほど、そのマシーンを地球の上で休みなくはたらかせるために、より多くの「〈いのち〉の輸血」を必要とし、表面からは見ることができない舞台裏で、ますます多くの〈いのち〉を必要とするということです。

それらの舞台裏を支えるものは、このゲームの「表の日差し」を身に直接的に受けることはほとんどありません。しかし、内在している〈いのち〉の求めにしたがって、二度とはないその一生に意義を与えなければ生きていけませんから、必然的に、内在的世界に深く接しながら生きていく生き方を選ぶでしょう。したがって、近代社会が発展すればするほど、富めるものと貧しいものが分離して、外面的な物質の世界と内面的な心の世界を分離させるために、結局、利と信の対立を生んでいくのです。

近代社会における便利とは、自分が外在的世界を生きるのに便利ということです。したがって、内在的世界との関係がここに入り込むことは、その便利を否定することになります。いったんその便利という「特急列車」に身を任せると、内在的世界は、後ろに遠ざかっていくように、高速で走っていくことになります。現代社会はＩＴ技術によって高度に情報化した社会であるとも言われますが、Ｉ

T技術で使われる情報は、すでに説明したように、外在的世界しか表現できないものです。したがって、その情報によって社会を動かそうとすれば、〈いのち〉との接点を失ってしまうために、社会はますます機械的になっていきます。

悲しいことに、その種の情報がテレビなどによって絶えず強力に伝えられ、またインターネットによって世界の隅々まで届けられています。そして、生活世界は〈いのち〉の居場所としての姿を失って、機械的な空間になっていきます。だから現代社会では、人びとは自分の外面を外在的世界にアッピールし、そしてマネーによって外在的世界における力を獲得することに、多大の関心を払って生きています。そしてそのことを、内在的世界における貴重な自由を失うことであると感じたり、一度だけのかけがえのない人生を生きていく人間のあり方として変だと思ったりする「〈いのち〉のセンス」そのものを失っていっているように思えるのです。

家庭が唯一のオアシスとなれば幸せです。しかし、内在的世界から切れた家庭は、〈いのち〉の根をもたない浮き草のような存在です。地縁血縁の閉鎖的で拘束的な社会も、国際化された現在の地球の上では、浮き草のような存在になってしまいます。それは、居場所としての家庭が開かれていないことから生まれてくるのです。生き残るために必要なことは、その社会の外の世界の人びととの共創、そしてその先にある、地球の多様な生きものとの共創です。すなわち、〈いのち〉の居場所としての地球を舞台とする、「〈いのち〉のドラマ」です。開くことの必要性は、日本人全体に対してもある程度まで言えることです。

多くの〈いのち〉を失うような大きな災害が、厳父の厳しさで日本列島を襲い、人びとをむち打って弱さの自覚を与え、その存在を内在的世界に引き戻す活きをしてきました。大きな災害そのものは、決して人間にとって望ましいものではありませんが、失われた多くの〈いのち〉と引き替えに学んだことが、人びとに問われてきます。もしも弱さの自覚を伴わなければ、それは外在的世界におけるあり方を反省しただけであり、自己のあり方そのものにたいする内在的な反省を伴っていないために、やがて災害も忘れ去られてしまうでしょう。今日の福島原発の放射能事故に対する態度ほど、この差がはっきりと見られるものはないでしょう。大きな災害であればあるほど、それを短期的な問題にせず、内在的世界に足をつけた思想の問題として捉えるだけの知性が、人間に求められます。その思想が、厳父の教えとして、未来へ伝えられていくのです。このことは、先の大戦に対する反省についても言えることです。ワイツゼッカー独大統領の「過去に目を閉ざす者は現在にも盲目となる」との有名な言葉は、世界のすべての人のために、存在の地動説に立って、内在的世界から発せられた声だと考えることもできるのではないでしょうか。

このように考えてみると、本書における私たちの問題がはっきりしてきます。それは、内在的世界に活いている法則を摑んで、それと人間の存在の関係を、具体的に示すことです。そこでまず必要になるのが、暗在的な内在的世界には、どのような〈いのち〉の自己組織——生きものを役者とする創造的な〈いのち〉のドラマ——が存在しているかを確かめて、それを「感応道交の原理」という法則の形で摑むことができることを確認することです。これについては、すでに〈いのち〉の秩序パラメータである基本シナリオによる支配と、その基本シナリオへの隷属を考えましたが、もう少し幅を広げて考えてみましょう。

〈いのち〉のドラマの構想力と創造

カントは芸術的天才の創造力を、「パトスとロゴスを統合する構想力」として、はじめて哲学的に示しました。三木清は、このカントの構想力にヒントを得て、形を創造的に生み出す論理として、「構想力の論理」を提唱しました。彼が言う形という概念は、技術的な形、社会的な形、芸術的な形、文芸的な形など、広い意味で形一般を意味しています。これらは時代を画す重要な発見ですが、本書では人間による〈いのち〉の生成という新しい観点から、共創（共存在的創造）を捉えなおしてみることにします。彫刻のミケランジェロ、絵画のダヴィンチ、音楽のモーツァルトなどの、天才たちの創造には、時代を越える寿命があります。この点も踏まえて、考えてみましょう。

創造は〈いのち〉の活きですが、それは自己が〈いのち〉の居場所へおこなった〈いのち〉の与贈によって自己組織される居場所の〈いのち〉に、自己が感応することによって生まれると、私は考えています。〈いのち〉の居場所への感応によって生まれることが、創造に、個を超えた普遍的な価値をもたらすのです。この〈いのち〉の感応が自己におきるのは、創造のために〈いのち〉を与贈した自己に、――〈いのち〉の与贈循環によって――居場所の〈いのち〉が与贈されるからではないかと、私は思っています。このために、創造へ向かう態度として、〝身を捨ててこそ、浮かぶ瀬もあれ〟ということが言われてきたと思います。創造のプロセスは飛躍的であり、思考のように後からたどることができません。これは、〈いのち〉の自己組織が、〈いのち〉の内在的世界で暗在的に進むことと関係があると思われます。

「〈いのち〉の居場所に現れる能動性」という項（一六一頁）では、存在を持続する能動的な活きである〈いのち〉には、学習と創造の能力が含まれていなければならないという例として免疫能力を挙げましたが、免疫は、〈いのち〉が〈いのち〉をつくり出す能力を使って新しい形を創造する現象であるということができます。このように、創造は、〈いのち〉による新しい〈いのち〉の生成であると考えることができます。生きものには〈いのち〉があり、その〈いのち〉が〈いのち〉を生成できるから、創造力があるのです。機械には〈いのち〉がなく、したがって〈いのち〉を生成する能力をもっていないので、創造力がないのです。

このように考えていくと、創造力は人間だけがもっている能力ではありません。生きものに一般的に与えられている活きです。創造の特徴は、つまり新しく生成される〈いのち〉は、生きものの独創ではなく、相互誘導合致的な活きによって、居場所から生きものに与贈されてくる〈いのち〉を生きものが捉えることによっておきるということです。一方、その居場所の〈いのち〉は、多くの生きもののから与贈される〈いのち〉から自己組織されるものですから、どんな創造も厳密にみれば共創なのです。

実際、生物進化の歴史は生きものたちの共創の歴史であり、その共創を進めてきた力は、〈絶対無の場所に相当する）「無限に大きな居場所」からの〈いのち〉の与贈を相互誘導合致の形で生きものが受けて、その内部に新しい〈いのち〉の活き——暗在的な鍵穴の型に合致する明在的な鍵の形——を生成する能動的な力です。創造は、絶対無の場所を舞台（暗在的な鍵穴）として、その無形の型に合致する明在的な形を相互誘導合致的に生成していく〈いのち〉のドラマとしておきるのです。ここに、創造の論理である構想力の論理が形の創成の論理になる理由があると考えられます。そして、暗在的な鍵穴の活きをパトスと捉えれば、明在的な鍵の活きがロゴスとなって、パトスとロゴスの統合という構想力が生まれる必然性が見えてくるように思われます。

このために、創造では、居場所からの〈いのち〉の与贈を受けとる、生きもの側の感性が重要です。そしてその居場所には、居場所としての〈いのち〉が自己組織されていくことが必要です。そのためには生きものの共存在が必要ですから、たとえ明在的には見えなくても、創造は暗在的には共創の形をとっているはずです。

人間には、おそらく他の生きものたちと異なって、一定の目的意識を自己がもっておこなう創造行為があります。その場合も、創造する本人がそのことをほとんど自覚していないことが多いのですが、生物進化の場合と同様、暗在的には共創の形がとられていることが必要です。創造の目的意識にしたがって自己組織される居場所（創造の舞台）を限定する拘束条件を外在的世界から与えるために、拘束条件をできる限り単純化して明確にすることが必要ですが、創造（共創）そのものは、人間の内在的世界の「じねん（自然）」の活きによって進むために、自己の意志によって何ごとかを思考したり、あるいは操作したりするようにはできません。

創造は、自己の内に新しい活きをもつ〈いのち〉を生成する、能動的な活動です。したがって、自己を捨てて（与贈し切って）、種子薫習《しゅうじくんじゅう》によって進んできた道からいったん外れなければ、それができません（ここで種子薫習は唯識論の言葉ですが、〈いのち〉のドラマの舞台に役者が一歩先の未来への種を蒔きながらドラマを進めていくことに相当します）。重要なことは、自分が役者となって進める〈いのち〉のドラマを発見することです。そのドラマの舞台の表現を「鍵穴」とし、役者の表現を「鍵」とするときに、「鍵穴」の新しい型を発見すること——新しい型の存在に気づくこと——から創造は始まります。したがって創造では、「全体的な形のイメージ」、あるいはそれを実質的に表現している言葉として、創造しようとするものがまず内在的世界に現れます。このことから外在的世界に設定した拘束条件によって限定される内在的世界に自己の〈いのち〉を与贈することによって自己組織される〈いのち〉の活きが、一種の〈いのち〉のシナリオとして、自己の内部に与贈されてくるのではないかと思われます。

創造で重要なことは、外在的世界ではこれ以上考えても進まないところまで行ったら、「寝て待つ」と言われるように、しばらく問題から離れて内在的世界における熟成を待つことです。その間に、自己組織的な変化が、内在的世界で進行していくものと思われます。したがって、「じねん」の変化を待てない人には創造的能力はありませんし、結果からしかものを見ることができない人も同様です。

しかし、外在的世界における人間の意識の側でも、拘束条件をいろいろ変えることができます。またそのためには、先を予想しての論理的な思考が必要です。やがて、自分の力では問題をもうこれ以上単純化することはできないという限界にぶつかります。私はこれを「問題を純化する」と呼んでいます。これは問題意識について回る自己中心的な意識を捨てきる、ということです。この限界にぶつかっていないと、拘束条件があれこれと絶えず変化をしますので、内在的世界における自己組織が進まないのです。

なお、全体的な形が与えられることが、創造に苦悩する自己の救済という面をもっていることから、宗教的な救済とは互いに異なるものの、共通する面ももっていると思われます。さらに、創造された作品には時代を越える寿命があることを考えると、その時代の社会をも越える、大きな〈いのち〉の居場所における〈いのち〉の自己組織に自己が参加することによって、居場所の〈いのち〉の与贈がおきてくると思われます。

無限に大きい〈いのち〉の居場所としての地球における〈いのち〉の与贈循環を、人間の意識がつくり出す拘束条件によって多重多様な居場所に分けて考えるのが人間ですが、その一つとして、創造に関する居場所が限定されるのかも知れません。創造の本質は、生きものの創造と同様、無限に大きい居場所の〈いのち〉の与贈によって生まれる、〈いのち〉の生成です。創造行為は、それを自己が拘束条件によって限定する居場所において実践する行為なのです。

このような創造行為を、カントや三木のようにパトスとロゴスの統合として表現することに代わって、内在的世界における〈いのち〉の自己組織と外在的世界に設定した拘束条件の相互誘導合致によって生まれる〈いのち〉のドラマとして表現することもできるでしょう。

〈いのち〉の要素の生成と消滅について

ハーケンのレーザーの自己組織論では、レーザー空間における光子の生成と消滅を理論的に取り扱うのに、特殊相対性理論を踏まえてつくられた場の量子力学が使われています。光は電磁波ですから、そこで使われている場は電磁場で、その電磁場の強弱の変化にともなって光子が生成し消滅するということから光子の個数を求めるのが、場の量子力学の方法です。レーザーを理論的に厳密に取り扱う場合には、なぜ、場の量子力学を使う必要があるのでしょうか。

日常的な世界（ニュートンの古典力学の世界）における私たちの経験では、空間と時間とは全く別の種類のものです。したがって、その二つが分かれた三次元の空間と一次元の時間から構成されている世界に、私たちは住んでいると考えています。しかし、光に対して様々な速度で移動している座標系でその光の速度を測っても、その速度は一定で変わらないことから、アインシュタインは、光の速度に近い速度で空間を移動している物体では、その速度に応じて空間そのものが歪んで四次元空間が生まれていると考えて、特殊相対性理論を提唱しました。

そしてこのことに関連して、$e=mc^2$という有名な関係式が、アインシュタインによって提出されました。eはエネルギー、mは質量でcは光の速度です。この式は、質量mの物質が消滅すると、mc^2という量のエネルギーが生まれることを意味しています。何しろ光の速度cは非常に大きいために、小さな質量 m が変化するだけでも莫大なエネルギーが生まれます。そのことから、原子爆弾や原子力の、あの驚異的なエネルギーが生まれるのです。微粒子の生成や消滅の問題では、普通は光の速度に近い高速度で移動している物体を取り扱うことはありませんが、それでもこの式に関係して、エネルギーの生成や消滅を取り扱うために、相対論が必要になるのです。

さらに微粒子の生成と消滅を理論的に取り扱うために、空間と時間を分離しない四次元空間が必要になるのは、次の理由からです。それは、場から微粒子の生成と消滅がおきることを取り扱おうとすると、三次元空間の三つの自由度の他に、生成と消滅を表すもう一つの自由度がどうしても必要になるからです。つまり、三次元空間の場においてその生成と消滅がおきるときには、どこでおきるかを示すのに三つの自由度が必要で、次にそこでどの程度の生成あるいは消滅がおきるかを示すのに、さらに一つの自由度が必要になり、四つの自由度をもつ空間が必要になるということが第一の理由です。第二は、上で説明したように、原子力の非常に大きなエネルギーが、微粒子の質量がエネルギーに変わることによって得られることから分かるように、質量とエネルギーは相互に変わることができますが、その変化は相対論によってしか取り扱うことができないからです。レーザーにおける光子の生成や消滅では、光子の質量が非常に軽いために、原子力のように大きなエネルギーが出入りすることはありませんが、微粒子の生成と消滅の現象としては、理論的に共通しているのです。

本書で指摘してきたように、理論的にみると、レーザー光の自己組織と居場所における〈いのち〉の自己組織には共通している点が多いのですが、また違いもあります。その違いがどういうところから生まれてくるかを、はっきりさせておくことは、居場所づくりや、居場所での生活と運営を考える上で、非常に重要になると思います。さらに言えばこのことは、人間中心的なこれまでの文明が、弱い生きものと共存していく〈いのち〉の居場所としての地球の持続可能性を共創する文明に転回するためにも、重要な視点を与えると思っています。

本書では、居場所に生まれる〈いのち〉の場（生命場）から与贈される場の〈いのち〉の活きによって、生きものの要素的な〈いのち〉が生まれると説明してきましたが、それは場の量子力学で取り扱う微粒子の生成と似ています。しかも、その要素的な〈いのち〉は互いに不連続であることから、微粒子的（量子的）な〈いのち〉のアナロジーを使って考えてみると、生きものの居場所としては何が必要なのかが分かってきます。実際、細胞の〈いのち〉のような要素的な〈いのち〉が粒子的である可能性さえ否定できません。逆に粒子的ではないとすると、生きものの居場所における〈いのち〉のドラマは、生きものの数が増すにつれて、相当込み入ったものになるだろうと思われます。

それならば、居場所論における〈いのち〉の生成や消滅を、ハーケンのレーザーの理論のように場の量子力学で取り扱うことができるかどうかは、〈いのち〉の本質に関係して非常に興味深い問題ですが、それは将来へ送る課題としましょう。現段階では、居場所論における要素的な〈いのち〉が粒子的であると仮定して、その生成・消滅を、場の量子論における物質的な微粒子のそれと比べてみることに、これから示すような意義があると思われます。

確実に言えることは、すでに説明したように、両者共に四次元空間が必要であるということです。

〈いのち〉のドラマに生成する場は、科学的に測定できる明在的な存在として外在的世界に生まれてくるのではありません。それは内在的世界に生成される暗在的なものであり、非可逆的に変化をしていく「進むばかりで引き返すことのない」ものです。それは、生きものの生活という〈いのち〉のドラマの進行にともなって、その舞台空間である居場所の空間に、自覚できても、カメラでは直接写せない暗在的状態として出現してきます。その場は、〈いのち〉のドラマの役者としての個々の生きものの〈いのち〉の活きを、全体として統合して未来へ続けていく活き――生きものたちによって即興的に演じられていく〈いのち〉のドラマの、基本的なシナリオを生み出す活き――をします。つまり、場には、居場所の空間のあちこちでおきているできごとを結びつけて、ドラマの時間を生み出す活きがあります。この場の活きのために、〈いのち〉のドラマの舞台では、空間と時間が結びついて、四次元空間の状態になっているのです。

それでは、その四次元空間を表現するために相対性理論が必要かどうかとなると、〈いのち〉が内在的世界に存在する暗在的な存在であり、直接的に観察できないことから、仮説を検証するような経験を積み重ねなければ、何とも言えません。それでも、量子論や相対論で取り扱う現象が、日常的な生活における人間の意識の活きには必要がないことから、暗在的なものとして分離されている内在的世界が、非日常的な状態では、その意識の分水嶺（拘束条件）を越えて外在的世界に頭を出すために〈いのち〉が生まれることを認めるならば、両者は互いに全く無関係であるとも断定できません。

量子力学的な微粒子には、陽子や光子などのボーズ粒子（ボゾン）と、電子などのフェルミ粒子

〈フェルミオン〉の二種類があることが知られています（現代の素粒子論によればもっと根源的な素粒子にその起源を遡ることができますが、ここでは直接的に関係がない問題なので、親しみやすさを優先して、身近な粒子によって説明をします。本書はこの方針を採用しています）。ここで指摘したいことは、〈いのち〉の要素の性質と、フェルミ粒子の間には、幾つかの重要な共通性が見られるということです。フェルミ粒子の特徴は、互いに同じ状態になることを避ける非同等性を、その存在から切り離すことができない本質的な性質としてもっていることです。他にはない唯一の存在にならなければ生成しない、という性質をもっているのです。ただし、フェルミ粒子には右回りスピンをしているものと左回りスピンをしているものとがあり、それらは互いに異なっているために、ペアをつくって一緒に存在することができます。

ボーズ粒子にはこの本質的な非同等性がないので、フェルミ粒子のように互いに排除し合いません。その結果、最も安定な状態に粒子が一緒に集まる「ボーズ・アインシュタイン凝縮」という現象がおきるのです。場の量子力学によれば、レーザー空間に生成する光子がボーズ粒子であるために、レーザー光線の自己組織は、レーザー空間における「ボーズ・アインシュタイン凝縮」によっておきるというのが、ハーケンの理論です。このことから、ハーケンのスレービング原理には、ボーズ粒子が前提になっていることが隠されていると言えます。したがって、最も安定な状態に要素が集まってくる形で、自己組織現象がおきることになるのです。

しかし、フェルミ粒子には、この「ボーズ・アインシュタイン凝縮」という性質がありませんから、フェルミ粒子の集まりに自己組織現象がおきるとしても、その様子は別な形になります。複数のフェルミ粒子が同じ空間に存在するときには、スピンの方向が互いに逆のペアをつくりながら、さらにそのペアが、必ず、互いに異なる状態をつくります。そのために、フェルミ粒子のペアは、位置のエネルギーが低い安定な状態から高い状態へと、積み重なって存在しようとするのです。一般的な言い方をすれば、存在空間とその構造の共創的生成という、ボーズ粒子の集まりには見られない現象をともないながら、自己組織が進むと考えられます。フェルミ粒子である電子に、この構造をつくる性質があることから、化学反応によって、様々な構造をもった化合物が生まれます。一つの有機化合物には多くの化学結合があり、各結合にはそれぞれ電子のペアが存在しています。そのことは、一つのアパートに様々な住居があって、そこにそれぞれ夫婦が住んでいることに相当しますが、互いに一定の距離を維持して存在しようとします。また、フェルミ粒子としての〈いのち〉の粒子がペアとなって存在することが、ひょっとしたら生きものの性の起源を説明する可能性もあるかも知れません（極低温では、ペアになった電子がボーズ粒子のように振るまってボーズ・アインシュタイン凝縮をおこすために超電導現象が現われますが、ここでは触れないことにします）。フェルミ粒子が存在しなければ、宇宙は凝縮したままで広がらず、もちろん生きものも存在しないでしょう。

　フェルミ粒子の集まりに見られる自己組織現象では、光子というボーズ粒子によるレーザーにおける自己組織現象とは異なって、粒子が互いに異なる状態をとろうとするために、複雑な構造の生成をともなう変化が現れます。以下に示すように、〈いのち〉の粒子がフェルミ粒子と類似の性質をもっていることが、生きものの居場所の自己組織に、スレービング原理にしたがっておきるレーザー光線という散逸構造の自己組織とは非常に異なる現象――ペアの分散的存在と居場所づくりの共創――を、自己組織的に生み出すものと考えられます。

「興味深い類似」として指摘しておきたいと思うことは、もしも〈いのち〉の要素が〈いのち〉の粒子であり、そしてそれがフェルミ粒子ならば、生きものの〈いのち〉の本質的な特徴をうまく説明できるということです。「生命は互いに独立している」と言われますが、この性質は、〈いのち〉の粒子がフェルミ粒子であるために、互いの存在の非同等性を失わないように振る舞う性質をもっていることによると説明できます。細胞の〈いのち〉がもっている本質的な非同等性が、個々の生きものの成長のプロセスで、生きものの身体（脳を含めます）に定着することで、フェルミ粒子性が一つしか存在しない個物性（個体性）として、生きものに出現すると考えられます。また、主体性は本質的に個物的な性質ですが、それは、〈いのち〉の能動的な活きがこの個物性に結びつくことによって生まれると考えることができます。

フェルミ粒子としての〈いのち〉の粒子という仮説は、複数の生きものによって即興的に演じられる生活のドラマ（〈いのち〉のドラマ）の形の生成を、次のように無理なく説明します。たとえば、サッカーの選手たちがグラウンドという一つの空間を共有しながら、共通の目的に向かってそれぞれ主体的に行動したり、また、同じ舞台の上で複数の役者が共通のストーリーを共創しながら、ドラマを即興的に演じることができるように、もしも生きものそれぞれの役割が非同等であることを保証できる構造的な位置づけが——〈いのち〉の粒子が存在する内在的空間において——なされるなら、個々の生きものの〈いのち〉の活きを統合して、居場所全体としての〈いのち〉が自己組織的に生成してくることを説明できます。つまり、生きものの内部で活く〈いのち〉の粒子がフェルミ粒子であるために、その役割が非同等でなければならないということから、——同じ舞台の上で同時に即興的に活動する役者の役割は、互いにどこか異ならなければならないという非同等性を含めて——居場所としての舞台とその舞台にそれぞれ位置づけられる役者たちというドラマの基本的な構造が、自己組織的に生まれることが分かるのです。このことは、一卵性双生児が成長の過程で互いに異なるようにそれぞれ変わっていくことも説明するでしょう。そしてさらに厳密に思考を進めようとするときには、居場所の重層的構造を考えなければならないでしょう。

こうして見てくると、生活の舞台となる居場所の空間的範囲を限定する拘束条件が生まれることが、その居場所において自己組織現象がおきるために必要であることが明らかになります。その理由は、生活の役者としての生きものの役割を内在的世界の空間に位置づけるためには、その空間の範囲が、分水嶺的な活きをする拘束条件によって限定されていなければならないからです。

これまで日本の各地でつくられてきた障害者の介護施設や老人ホームは、そこに入居する人びとがボーズ粒子であり、「ボーズ・アインシュタイン凝縮」を求めているかのように考えて設計されてきたのではないかと考えられます。しかし、このことが、生きものとしての本性であるフェルミ粒子性としての活きを押さえつけることになって、人びとから人生〈いのち〉のドラマ〉を奪っているのではないかと、私には思われます。実際、フェルミ粒子としての性質を考慮した施設では、その効果が上がっています。それは、そこで生活している人びとが、〈いのち〉のドラマに主体的に参加をすることができるからであると考えられます。人間をボーズ粒子のような存在として考えることは、その個々の主体性を無視して機械的に取り扱うということであり、フェルミ粒子的な存在として考えることは、その主体性を重んじて、唯一の存在として取り扱うことになるのです。これからの時代の社会的な施設の設計と運営では、人びとをフェルミ粒子的であるとして考える取り扱いが求められます。その延長線上に、政治や行政の形があり、国際的な共存在関係があり、また地球における〈いのち〉の持続可能性があるのです。

〈いのち〉の粒子をフェルミ粒子と仮定して考えてきましたので、せっかくですからその寄り道として、ディラックの陽電子論と〈いのち〉の粒子の関係についてお話をして、読者の想像力を少し刺激しておくことにしましょう。電子がマイナスの電荷をもっているのに対して、陽電子は、電子と同じ質量をもちながらプラスの電荷をもっている反粒子です。そして電子と衝突すると、エネルギーを放出して互いに消えてしまいます。ディラックは、この現象を次のように説明しました。〝私たちが何も存在しないと思っている真空は電子のペアが積み重なって存在している電子の海なのだ。その積み重なっている電子に外から来た微粒子がぶつかって電子が一個海からはじき出されると、その後に穴が開く。それが陽電子なのだ。その穴は電子の海というマイナスの電荷に空いた穴だから、プラスの電荷があるように観察されることになる。そして電子がその穴に落ち込むのが、電子と陽電子の衝突であり、そのときには、それまでその電子がもっていたエネルギーが放出されるのだ〟。

このアイデアを借りて、〈いのち〉の粒子を考えると、次のようになります。拘束条件によって居場所が限定されていない（内在的世界の）宇宙空間は、〈いのち〉の海に相当します。そこには〈いのち〉の粒子がいっぱい積み重なって存在していますが、それらは暗在的な存在であるために、人間の意識によっては捉えることはできません。しかしその〈いのち〉の海から〈いのち〉の粒子を追い出すできごとと、そして追い出された〈いのち〉の粒子を受けとることができる「宿」としての物質的構造があり、その宿借りをした〈いのち〉の粒子を互いに非等価な状態に位置づけることができる（地球のような）空間が誕生するならば、その空間が居場所となって、〈いのち〉をもった生きものが発生する可能性があることになります。このように、宇宙空間が暗在的な「〈いのち〉の海」であると考えてみることは、どうでしょうか？〈いのち〉の反粒子に出会って消えてしまう心配も少し生れますが……。

文献

池田善昭『ライプニッツ「モナドロジー」』晃洋書房、二〇一一年
大森曹玄「一即一切、一切即一」『鐵舟』平成二十七年春号、鐵舟会、二〇一五年
門脇佳吉『道の形而上学――芭蕉・道元・イエス』岩波書店、一九九〇年
清水博『生命を捉えなおす――生きている状態とは何か』中公新書、一九七八年、増補版一九九〇年
清水博『生命知としての場の論理――柳生新陰流に見る共創の理』中公新書、一九九六年
清水博『場の思想』東京大学出版会、二〇〇三年、新装版二〇一四年
清水博「統合による共存在の深化」、統合学術国際研究所編『「統合学」へのすすめ――生命と存在の深みから』晃洋書房、二〇〇七年
清水博『コペルニクスの鏡』平凡社、二〇一二年
清水博『近代文明からの転回』(シリーズ文明のゆくえ――近代文明を問う)、晃洋書房、二〇一三年
清水博『〈いのち〉の普遍学』春秋社、二〇一三年
下村寅太郎『ライプニッツ研究』(下村寅太郎著作集7)、みすず書房、一九八九年
曽我量深『曽我量深選集 第十一巻』金子大栄編集代表、彌生書房、一九七〇年

曾野綾子『心に迫るパウロの言葉』新潮文庫、一九八九年
シュテファン・ツヴァイク『昨日の世界』Ⅰ・Ⅱ、原田義訳、みすず書房、一九九九年
根本昌幸「帰還断念」『詩集　荒野に立ちて——わが浪江町』コールサック社、二〇一三年
野中郁次郎・紺野登『知識経営のすすめ——ナレッジマネジメントとその時代』ちくま新書、一九九九年
本多弘之「〔濁浪清風〕場について（18）」親鸞仏教センター、二〇〇七年五月一日 http://www.shinran-bc.higashihonganji.or.jp/dakurou/backnumber38.html
本多弘之「〔濁浪清風〕自然の浄土（4）」親鸞仏教センター、二〇一二年七月一日 http://shinran-bc.higashihonganji.or.jp/dakurou/backnumber110.html
本多弘之「〔濁浪清風〕親鸞教学の現代的課題——法蔵菩薩（12）」親鸞仏教センター、二〇一四年三月一日 http://shinran-bc.higashihonganji.or.jp/dakurou/backnumber130.html
マルティン・ブーバー『我と汝・対話』植田重雄訳、岩波文庫、一九七九年
C・G・ユング、W・パウリ『自然現象と心の構造——非因果的連関の原理』河合隼雄・村上陽一郎訳、海鳴社、一九七六年
H. Haken, *Synergetics: An Introduction*, Springer, 1976
E. T. Hall, *Beyond Culture*, Anchor Press, 1976

あとがき

日本文化の特徴は曖昧であると言われるが、私はその本質を、自己の自己中心的領域と場所的領域という性質の異なる二つの領域が相互誘導合致という形で互いを関係づける活きとして捉えようとしてきた。たとえばそれは、伝統的な町屋とその周囲の町や自然、あるいは里山における集落と自然という形で見られる。性質の異なる二つの領域の間に遊びすなわち曖昧性を残すことによって、二つの領域の間には互いに排除し合うことなくつながろうとする活きが生まれる。このことが曖昧性の積極的な意味である。もしも、曖昧性を入れる余地がなければ、二つの領域の間には分離しようとする力がはたらいてしまう。だから曖昧性は、非分離性を引き出していると言える。では、相互誘導合致はどのような力によって性質の異なる二つの領域を互いに引きつけているのか。この問題が、私には解けていなかったのである。

これとは別に、居場所において展開される自己の歴史的ダイナミクスを「〈いのち〉のドラマ」として捉えることは、以前から考えてきたが、そこから一歩出て、居場所における歴史の展開を、自己の〈いのち〉とその居場所への与贈、そしてそれによって居場所に生まれる〈いのち〉の与贈循環という考えによって、動的に説明しようとしたのが『コペルニクスの鏡』（平凡社）である。

人の生命を救済しても、その人生を救済したことにはならないということは、今日、日本の社会においても、また国際社会においても、認めざるを得ない事実である。このことからも、救済のイベントと、救済のドラマの間には質的な違いがあることを痛感させられるのである。そして近代文明から、次の地球文明へ転回するということは、「生きていくことができない人々の人生を救済する」ということなのである。それは、さらに正確には、「生きていくことができない生きものたちの生活を救済する」ということでなければならないであろう。

本書の使命は、人間を含めて生きものがその一生を生きていくとはどういうことか、どうすればそれを救済できるかということを、できる限り科学的に示すことにある。しかし、〈いのち〉のドラマとしての人生という主体的な活きを取り扱うためには、自己とその居場所の間の主客非分離を取り扱わなければならないために、その分離性を前提としてつくられている既存の科学から、どうしても踏み出さないわけにはいかない。

それでは、その難攻不落と見える主客非分離の城壁をどのようにして乗り越えるかというところに工夫が必要であった。ここで必要になるのが、科学の自己中心的な捉え方に対して相互誘導合致の関係になるものの見方、——個体の方からではなく、場所の方から捉えていくという西田哲学によって示されてきたものの見方である。これを分かりやすく表現すると、主体があって居場所が生まれるのではなく、居場所があってそこに主体が生まれるという見方である。この順を間違えると、イベントは描けるけれど、人生という〈いのち〉のドラマは描けないことになるのである。そのために、これまでの科学が自己の外にある外在的世界を研究の対象としてきたのに対して、この〈いのち〉の科学は、自己の内にある内在的世界としての居場所を対象にしていき、そしてその内在的世界と外在的世界とが相互誘導合致的に整合していく形をつくることを目標にするということである。

このためには相互誘導合致という現象を、科学的にどのように読み解いていくかということが問題になるが、本書では、生きものたちの〈いのち〉の居場所に自己組織的に生成される居場所の〈いのち〉（の場）への生きものの個の〈いのち〉のスレービングと読み解いたのである。またこのことによって、相互誘導合致と〈いのち〉の与贈循環という場の理論の二本の柱が互いにどのように関係しているかを示すという私自身への宿題を果たすことができたと考えたい。また日本文化として世界に誇ることができる、曖昧性と西田哲学の場所論を科学的につないでみたことによって、もしも新しい地球文明への転回の道筋の一つを示すことができたならば、自分なりに目標としてきた責任を多少なりとも果たしたことになり、まことに幸いである。

本書を書く動機の一つとなったのは、生きものが「居場所における自己の〈いのち〉の危機」を直覚する活きはどのようにして生まれるかを理解しようと思ったことである。そこで預言者として有名なエレミヤとイザヤを紹介した矢内原忠雄の『余の尊敬する人物』、『續 余の尊敬する人物』（岩波新書）を思い出して、矢内原の著書を辿りながら聖書に至るまでの本を読んだ。そこから得られたものは、私にとって実に大きい。内在的世界に広がる大きな居場所が未来の方から相互誘導合致的に自己を包みながら未来を伝えてくるということが、危機を直覚する活きになるのであり、まさにそのことを裏付けるように、内在的世界に広がる居場所との相互誘導合致の活きによって生まれるパウロの言葉があり、またそれに相当するものとして仏教では親鸞の言葉がある。相互誘導合致ということから、それらの言葉には外在的世界の状態も反映してくるのである。

本書が生まれる過程で、多くの人々のお世話になった。先ず本書の元となる考えを、池田善昭さんと、岩淵輝さんとのメールの往復によって確かめながら深めることができたために、基礎固めをすることができた。このお二人に心から感謝をする。またこのようにして生まれた本書のアイデアを、東京大学出版会の小松美加編集長に見ていただいて出版することになり、それ以降、小暮明氏に編集のお付き合いをいただいて現在の形になったものであるが、その間、原稿を十回ほど書き直したために、大変なご迷惑をおかけすることとなった。それを快くお許しいただいたお二人に深く感謝をする。なお、終盤に近い状態での草稿を伊藤由希子さんが快く全体を通読して下さり、未熟な日本語を訂正するとともに、幾つかのアドバイスを下さったために、本書は有り難い改良を受けた。伊藤さんには感謝申し上げる。

本書は私がこれまで書いてきた本と比べて、繰り返しも比較的多く、比較的分かりやすく書けているのではないかという気がする。それは本書がその書き直しの過程で次のように与贈の活きを受けているからである。私は自分自身が難聴のために障害者手帳をもらう状態になってみて感じたことは聴覚の奥行きの深さである。それは、音は聞こえても、その音が言葉にも、音楽にもならないという現実である。つまり、難聴とは、補聴器をつけても、日常生活から、物語りと音楽を失うことだった。

また音声として聴き取りやすい人と、聴き取りにくい人があるということ、また音が響くような場所でスピーカーから放送される声を聴き取ることはほとんどできないという現実があった。

本書の原稿を書き始めていた約一年前の頃、私は約束の時間に間に合うようにと少し気をもみながら、自宅の近くの北総線の矢切駅から場の研究所がある浅草線の東日本橋駅へ向かおうとしていた。突然、構内放送があり、その雰囲気から、人身事故に関係した放送のように思われた。気が急くことから、近くにいた若い女性に「今何が放送されているのですか」と尋ねたが、その状態においても聴き取ることができる澄んだ声で、人身事故が起きたのであり、電車がどれほど遅れるか、押上駅で乗換があることなど、簡潔で的確な返事が返ってきた。また乗った電車では途中で再び乗り換えの放送があり、離れた席に座っていたその女性が私のすぐ横に来て、放送の内容を伝えられた。

このことに縁を直観して、私が名刺を渡したことが切っ掛けになって、それから約一年間週に一回から、二回の割合で場の研究所へ午後アルバイトに来ていただき、主に往復の電車で今書いている本の内容を話し、その女性の手応えを確かめながら原稿を書きなおし、全体としての筋に変化がおきないように努めた。彼女は本書に書かれている過酷な職場で身体を壊して退職し、その職場体験の影響で家庭においても悩みを抱えて非常に暗い状態にあった水谷仁美さんであった。彼女の立場から見れば、自分の力によって聴覚障害者の老人が救済されること、またその話を聴くことで新しい〈いのち〉の世界に触れて過去の束縛から解放されていくという経験を重ねて立ち直っていく力を得ることができたということであったと思われる。このようにして互いに与贈するという得がたい活きから本書のスタイルが生まれたのである。水谷さんの聡明なやさしさに感謝をしたい。

私の話を聴き、初期の頃の草稿を読んだ水谷さんが『やさしい場の理論』と題して書いた草稿を私に見せてくれた。その草稿を見て私は自分の本のスケルトンが見事に抜き書きされ、読み手の心にまで配慮が行き届いてやさしく書けていることに驚き、それを読むことを知り合いや場の研究所の勉強会に来られている企業の人々に勧めたところ、「これまで分からなかった場の理論が、これならとてもよく分かる」と誰もが感激して評判がよい。

またこれとは別に、与贈が救済をする力をもっていることの確かさは、東日本大震災の直後から被災地においても確かめられてきた。それにまた最近の居場所づくりの実践など、現場における具体的な応用に、この『やさしい場の理論』を加えて、近い将来に本書の応用編を世に送りたいと考えている。

わが国に続いている自己組織論への根深い誤解を避けるために、場の研究所を支援して下さる人々に対して書いたものを、長いあとがきの最後につけ加えたい。

「理論というものは、異論に合うことで、こなれていき、使いやすくなっていくものです。ですから、異論を歓迎し、そしてその異論に対して誠実に向き合うことが必要です。車のことを考えてみれば分かることですが、異論に向き合うことで、車は乗りやすくなり、道具としても進歩してきたわけです。

私は、大学院生の頃から分子のブラウン運動の理論をつくっていまして、それでハーバード大学から声がかかって渡米したわけですが、自己組織は個のブラウン運動の「偏り」としておきるものであり、結晶のように個々の分子が一定の規則で並ぶものではないところに、一番大切な特徴があるのです。

私のイメージとして、九州大学の理学部の頃に研究していたbio-convection（生物対流）という現象があります。これは小さな単細胞生物が上へ向かって泳ぐ活きを持っていることから、非常に多くの単細胞生物を底の深いガラス容器に入れておくと、上へ集まって泳いでいく生物の重さによって、上層の水が生物ごと下へ降りてきます。すると、生物はそれに抗して常に上へ泳ぎますから、水が対流をおこしてぐるぐる循環するのですが、その水の流れの中の生物の状態を実体顕微鏡で観察してみると、生物の一つ一つは様々な方向に懸命に動いていますが、逆の方向へ動くものは互いに打ち消し合う関係になるために、平均として対流を起こすような成分だけが残り、水を動かしているのです。私が現在の文明の転回に対して持っているイメージは、このbio-convectionを起こしていくような活動です。

私が言う〈いのち〉の自己組織は、人間の意志によって何かを意識的におこすことではなく、自己中心的な意識を（坐禅のような意味で）捨てて、〈いのち〉という自己の存在の原点に回帰することによって、居場所に自然に生まれる活きであり、その活きの大部分は無意識的な活きとしておきるものです。与贈は、たとえば坐禅にも、柳生新陰流にも見られるものです。それは「身を捨てる」ことによって、この〈いのち〉という自己の存在の原点に回帰する行為なのです。それは意識による社会的なしがらみからの自己の解放です。自己の自由の獲得です。ここに愛し合うことの歓びに加えて与贈のさらに一つの歓びがあるのです。〈いのち〉の自己組織は、道徳が意志による意識的な行為であることとは対照的です。意志による、個への秩序の強制は独裁への道につながりますから、ここを注意する必要があると、私は考えているのです。」

清水 博

二〇一五年一二月一五日 市川市北国分にて

著者略歴

清水 博（しみず　ひろし）
東京大学名誉教授．1932年愛知県瀬戸市生まれ．1956年東京大学医学部薬学科卒業．1961年同大学院博士課程修了，東京大学理学部助手，千葉大学文理学部助教授，ハーバード大学研究員，スタンフォード大学研究員を経て，九州大学薬学部助教授，1970年九州大学理学部教授．1977年より，東京大学薬学部教授，ミュンヘン大学客員教授を歴任．1993年金沢工業大学教授として「場の研究所」を設立．2004年より，NPO法人「場の研究所」所長を務め，現在に至る．

主要著書

『生命を捉えなおす——生きている状態とは何か』（中公新書，1978年，増補版1990年）
『生命知としての場の論理——柳生新陰流に見る共創の理』（中公新書，1996年）
『生命と場所——創造する生命の原理』（NTT出版，新版1999年）
『場の思想』（東京大学出版会，2003年，新装版2014年）
『コペルニクスの鏡』（平凡社，2012年）
『〈いのち〉の普遍学』（春秋社，2013年）

The Self-Organization of <*Inochi*>

H. Shimizu

In contrast to the scientific term "life", a concept that distinguishes organisms from non-living matter, I define <*inochi*> as something akin to a gerund or verbal noun meaning "doing being." The inherent and subjective nature of any organism, including a human being, is <*inochi*>. A bicycle must always be moving and properly steered in order to remain upright; its current being is connected to this future being in the same way as an organism must "do being" to remain alive. One of the major purposes of this book is to show the principle of "doing being together" that exists between supposedly separate organisms, regardless of subjective properties such as habitat. This idea applies to individual homes and companies as well as neighborhoods, whole societies, countries, international unions and the Earth itself. This is exactly the same principle found in the various kinds of cells that form a biological body.

In modern science, an absolute separation between subject and object is necessary to make results objective and valid. Without this separation there is uncertainty, as in quantum mechanics and complex systems. Therefore, the concept of "doing being together" requires an entirely new approach to subjectivity in order for it to be consistent with other objective properties accepted by modern science.

The presence of one's own <*inochi*> is realized by one's self but can never be observed directly, because <*inochi*> is present in inside this self, an implicit domain. In contrast, scientific observations are made through one's experience within the explicit domain

of the outside world. Based on a number of empirical results relating to the concept of "*ba*", the author proposes that the implicit and explicit domains bound to a self are by no means mutually independent and are actually organized within a single existence through mutually induced-fit interactions.

In this book it is shown that if one's <*inochi*> is used in the inside domain for "doing being together" with other's <*inochi*> under suitable constraints, a macroscopic <*inochi*> will appear, forming an organized inside domain by the self-organization of the <*inochi*>s, and will be sensed as "*ba*". At the same time, the induced-fit relation results as a sort of scenario of doing being from the slaving principle (as if they were athletes in a football game). "Doing being together" provides a theoretically acceptable base for the discussion of globalized capitalism as well as the crucial topic of global sustainability.

〈いのち〉の自己組織
共に生きていく原理に向かって

2016年2月15日　初　版

［検印廃止］

著　者　清水《しみず》 博《ひろし》

発行所　一般財団法人　東京大学出版会
代表者　古田元夫
153-0041 東京都目黒区駒場4-5-29
http://www.utp.or.jp/
電話 03-6407-1069　Fax 03-6407-1991
振替 00160-6-59964

組　版　有限会社プログレス
印刷所　株式会社ヒライ
製本所　誠製本株式会社

ISBN 978-4-13-013029-5　Printed in Japan